METRO TAXI
TAXI
TAXI PARISIEN
TAKSi
TAXI
13757
taxi מונית
TAXI
YELLOW
TAXI SAINT-TROPEZ
T

TAXI(S)!

Éditrice : Pom Bessot
Assistante éditoriale : Claire Blanchaud
Iconographe : Bernadette Caille
Conception graphique : Corinne Liger-Marie
Fabrication : Brigitte Trichet

30, place d'Italie 75013 Paris
Vous aimez les beaux livres ? Inscrivez-vous à notre newsletter
pour suivre en avant-première toutes nos actualités : www.cherche-midi.com

Thomas Thévenoud

TAXI(S) !

Photographies originales
d'Isabelle Morison

cherche
midi

Extraordinary sandwiches.
creamier
NYPD
O BACK TO BAD
5C11
9K60
7L23
GLH-1621

BROADWAY'S SURE THING
NYCFC.COM
NYPD
8Y26
9N91
7123
Beautiful
PAPER
TRASH

« Taxi, taxi, taxi,
Taxi pour la sortie,
Taxi pour le Grand Prix,
Taxi pour le pince-fesses,
Taxi pour la comtesse,
Taxi pour le notaire,
Taxi pour les affaires,
Taxi pour la grande guerre,
Taxi pour le cimetière. »

TAXI
HELP! TAXI!
NICOLAS VIAL

TAXI
PARISIEN
A
B
C
TAXI
GE 7051

TOUTE UNE VIE EN TAXI

La première fois que je me suis intéressé aux taxis, je n'y connaissais rien.

À l'époque, en février 2014, j'étais un jeune député et je m'étais fait une réputation de parlementaire casse-cou, à qui les missions dites « impossibles » ne déplaisaient pas… Un lundi matin, je reçus un appel du cabinet du Premier ministre : « Jean-Marc Ayrault souhaite vous rencontrer. Il vous attendra à l'issue du discours qu'il prononcera à 11 heures à la Maison de la chimie. Merci de patienter au pied de la tribune. »

À l'heure dite, j'étais là, dûment costumé et cravaté. Que me voulait le Premier ministre ?

« On recherche un diplomate et on a pensé à toi.

– Ça tombe bien, lui répondis-je, je ne suis pas diplomate…

– Ne plaisante pas, Thomas. La situation est tendue.

– Mais un diplomate pour quoi faire ?

– Un diplomate pour régler le conflit entre les taxis et les VTC. Il y a la grève partout, des blocages, des violences sur le périphérique.

– Ça tombe bien, je ne connais rien aux taxis et aux VTC…

– Tu feras ça très bien. Tu sais faire ça : écouter les gens, les calmer, trouver des compromis. On a confiance en toi. Le président est aux États-Unis, mais il souhaite que tout soit réglé à son retour.

– À son retour ? Mais il rentre quand ?

– Dans trois jours. Alors tu es d'accord ? Je peux lui dire que tu es d'accord ?

– J'ai combien de temps pour te donner une réponse ?

– J'ai besoin d'une réponse tout de suite.

– Mais, enfin, pourquoi moi ?

– Je te l'ai déjà dit : il nous faut quelqu'un de rond. Et puis, toi, tu n'y connais rien. Et puis, les taxis, c'est pas ta clientèle, c'est pas ton électorat. Tu feras ça très bien. Et puis, c'est une marque de confiance pour nous. Et puis, si tu réussis, on saura s'en souvenir… »

Devinez quoi… J'ai accepté.

Et voilà comment je me suis retrouvé médiateur dans le conflit entre les taxis et les VTC, puis auteur d'une loi sur le sujet qui porte mon nom, adoptée en 2014. Voilà comment, dans la République française du début du XXIe siècle, on devient spécialiste d'un dossier : en n'y connaissant rien.

En réalité, c'est un atout formidable de ne rien connaître à un dossier, car vous arrivez sans *a priori*, sans attaches, sans pressions. Vous n'avez jamais rencontré les représentants du secteur ? Tant mieux, vous ne serez soumis à aucune influence. Vous n'avez jamais lu les dizaines de rapports qui ont été écrits sur le sujet ? Tant mieux, vous pourrez essayer de trouver des idées nouvelles. Vous n'avez pas de taxis dans votre famille, ni dans votre comité de soutien électoral ? Tant mieux, vous ne risquez pas d'être partial.

Le seul taxi que je connaissais exerçait son métier chez moi en Saône-et-Loire. Jean est mon ami et sa femme travaillait à l'époque avec moi. Chaque semaine, il me renseignait par son intermédiaire sur l'air du temps, sur les sujets de préoccupation du moment, sur la politique locale… Le taxi capte le pouls de la ville mieux qu'un institut de sondage, surtout en province, où les courses sont plus longues et où les clients se confient plus facilement. Il faut dire que le métier n'a rien à voir avec celui des taxis parisiens : en province, ce sont surtout les anciens et les malades qui prennent le taxi et les VTC n'existent pas vraiment.

Alors, bien sûr, comme tout le monde, j'avais un avis sur les taxis parisiens, je connaissais leur réputation, leurs qualités et aussi leurs défauts. D'ailleurs, tout le monde avait à l'époque (et a encore sans doute) un avis sur les taxis : mes collègues députés naturellement et, en premier lieu, les élus parisiens très concernés par le conflit. Mais aussi mes électeurs bourguignons qui savaient de quoi ils parlaient, même s'ils ne prenaient le taxi qu'une fois par an quand ils « montaient sur Paris » pour décoller d'Orly ou de Roissy.

Bref, chacun voulait m'aider, tout en ne manquant pas de me plaindre : quelle idée d'avoir accepté une telle mission dans laquelle il n'y avait que des coups à prendre !

Quand je dis que tout le monde avait un avis, ce n'est pas tout à fait vrai. Tout le monde… sauf le gouvernement de l'époque ! C'est ce qui me surprit le plus quand j'appelai le directeur de cabinet du Premier ministre pour lui signifier mon accord.

« Je suis prêt à accepter la mission, mais il faut m'en dire plus. Qu'est-ce que vous avez en tête ? C'est quoi, la sortie ?
– Le Premier ministre te l'a dit : tu es là pour écouter. Tu dois recevoir tout le monde.
– Mais écouter ne suffira pas. Il va falloir faire quelques propositions.
– Bien sûr, écouter et nous faire des propositions. Tu as carte blanche.
– Vraiment ?
– Vraiment. On a mille autres choses à régler. On ne peut pas s'occuper de tout. C'est pour ça qu'on t'a choisi. Tu écoutes et tu démines. Tu n'as aucune contrainte et tu auras tous les moyens qu'il faut. Les ministres sont informés, ils te laisseront faire. Tu disposeras de deux hauts fonctionnaires pour t'assister. La seule contrainte, c'est qu'il faut que ce soit réglé avant le retour du président.
– Mais toi et moi, nous savons bien que ce n'est pas possible. Il va peut-être falloir légiférer… racheter les licences… Tu as conscience de ça. Ça peut coûter de l'argent…
– Je sais tout ça. Tu as carte blanche, je te l'ai déjà dit. Si tu penses qu'il faut racheter les licences, on trouvera l'argent. Mais le président rentre jeudi des États-Unis… Il vaudrait mieux pour toi qu'il n'y ait plus de barrages sur le périphérique. »

Plus aucun barrage sur le périphérique, c'était mon objectif des prochaines vingt-quatre heures. Pas de temps à perdre. L'annonce de ma nomination allait être officielle dans les minutes qui suivaient.

Branché sur les chaînes d'information en continu, je suivais le compte rendu des manifestations du jour. Sur le terrain, un des reporters s'était fait prendre à partie par les chauffeurs de taxi, car il était supposé appartenir à une chaîne trop favorable aux VTC. On avait frôlé l'incident. Sur une banderole, les revendications se faisaient historiques avec ce slogan : *« 1914 : les taxis sauvent la République. 2014 : la République tue les taxis »*. Le ton était donné. Mon histoire avec le(s) taxi(s) pouvait commencer… Elle allait m'entraîner très loin… En tout cas, plus loin que je ne l'imaginais au début. Ce n'était pas seulement d'une mission de médiation qu'il s'agissait. C'était le début d'une histoire qui dure encore…

Car nous partageons tous une histoire avec le taxi.

C'est dans un taxi que Marcel Proust et James Joyce, les deux plus grands écrivains de la littérature du XXe siècle, ont fait mine de se rencontrer et ont échangé quelques mots à propos d'une fenêtre que l'un aurait voulu ouverte et que l'autre s'obstinait à fermer.

C'est dans un taxi que Freud retrouve son ancienne adresse à Londres, le 6 juin 1938, au seuil d'un exil qui le conduira jusqu'à la mort. En arrivant au 39 Elsworthy Road, le chauffeur s'exclame en écorchant son nom : *« Oh, it's the doctor Frud's house ! »*

C'est dans un taxi qu'Audrey Hepburn arrive au début de *Breakfast at Tiffany's* sur la musique de Henry Mancini.

C'est dans un taxi, une Renault 11 coupée en deux et lancée à fond sur les quais de Paris, que Roger Moore poursuit Grace Jones dans *A View to a Kill*, le quatorzième James Bond de l'histoire.

C'est dans un taxi que Vanessa Paradis naît pour la deuxième fois. Grande histoire ou petite anecdote, souvenir personnel ou image de film, le taxi fait partie de nos vies, fait partie de nos villes, fait partie de nous-mêmes.

Qui n'a jamais pris un taxi ? Qui n'a rien à raconter à propos d'une course en taxi ? Merveilleux souvenir ou cauchemar absolu, le voyage en taxi est toujours une expérience.

Partout dans le monde, le taxi existe et c'est le même. Partout c'est le même mot, partout le même geste : une main se lève et une voiture s'arrête. C'est le premier visage d'un pays à l'aéroport, c'est la découverte d'une ville nouvelle à travers les vitres d'une voiture, c'est une musique dans l'autoradio, une langue qu'on ne comprend pas.

Le taxi est aussi un condensé de l'histoire du XXe siècle, le siècle du cinéma et de l'automobile, et un symbole de la mondialisation économique.

Dans toutes les capitales du monde, le taxi donne une couleur à la ville. Que serait New York sans les *yellow cabs*, Londres bien sûr sans ses *black cabs*, La Havane sans ses coco-taxis… ? Ils créent une présence, une ponctuation, un rythme dans la ville.

Même à Paris, où ils ont si mauvaise réputation, les taxis forment un monde à part. Dans « la plus belle ville du monde », le taxi est devenu avec le temps le reflet de notre esprit cocardier, ronchon, râleur. Embouteillages, grèves, mauvaise foi, ces hommes et ces femmes qui nous conduisent trimballent avec eux une part de l'histoire de Paris. En montant à bord, le passé défile sous nos yeux, celui du Paris canaille, avec ses putes et ses macs, ses flics et ses indics.

Car le taxi est un véhicule, mais c'est aussi une profession, une profession qu'on aime détester. Toujours trop cher, toujours trop long à venir, toujours trop lent dans les embouteillages, le chauffeur nous sert de punching-ball, de psy, de confident.

Qu'il nous écoute patiemment ou qu'il parle sans arrêt, qu'il nous voie éclater en sanglots sans rien dire ou qu'il nous réconforte en nous offrant la course, il est notre confident secret, un inconnu qu'on ne reverra jamais, un compagnon de quelques minutes, un messager. Il faut savoir écouter les taxis pour ce qu'ils ont à dire.

Aujourd'hui, le taxi roule de plus en plus vite, il évolue, il change, et on annonce des taxis sans chauffeur pour les prochaines années. Le temps passe si vite…

Le taxi est une respiration, un moment hors du temps, une métaphore de nos vies. Il ponctue nos existences de moments volés, de conversations perdues au fond de la mémoire. Il nous inspire et nous fait échapper à la pluie, aux emmerdements du quotidien, ou tout simplement au temps qui passe.

Sans nostalgie, ce livre raconte tout à la fois l'histoire des taxis, les réussites et les échecs, les grandes figures et les innombrables grèves, les aventures humaines et les faits divers.

Je suis parti à la recherche de ceux qui connaissent le mieux les taxis : les chauffeurs bien sûr, leurs représentants, leurs leaders syndicaux, mais aussi des historiens, des écrivains, des voyageurs du monde. Dans ce livre, on croisera André Rousselet, le patron de la G7, De Niro bien sûr, des stars et des anonymes, les taxis de la Marne et des Russes blancs en pagaille, des *serial killers* et des *serial lovers*.

À force de chercher tout ce qui pouvait se rapporter aux taxis, j'ai découvert des histoires inattendues et des vies insoupçonnées. Le hasard a bien fait les choses : en acceptant cette mission de médiation, je n'aurais jamais imaginé que j'irais si loin…

Je me souviens de ma première rencontre avec l'intersyndicale des taxis parisiens. Ils étaient venus en nombre ce soir-là à l'Assemblée nationale. Ils s'appelaient Abdehramane, Karim, Nordine, Ahmed. Ils représentaient la CFDT, la CGT, FO, la FNTI. Pour certains, c'était la première fois qu'ils entraient à l'Assemblée, ils étaient un peu impressionnés. Ils me l'ont dit.

Lors de cette médiation, j'avais tenu à organiser toutes les réunions au Palais-Bourbon, dans ce qu'on pourrait appeler la « maison du peuple », mais qui l'est si peu souvent. Eux étaient fiers d'être arrivés jusque-là et de représenter leurs collègues.

Enfin, ils étaient reconnus et écoutés. Alors que l'entretien se terminait, je me souviens que l'un d'entre eux a demandé à prendre la parole. Il n'avait rien dit depuis le début de nos échanges, mais, avant que nous nous séparions, il voulait dire un mot :

« Monsieur Thévenoud, vous avez vu nos faciès ? Vous avez vu nos patronymes ? N'oubliez jamais ça : le taxi est un ascenseur, un ascenseur social. Ne l'oubliez jamais. C'est grâce au taxi que nous sommes là aujourd'hui. Il a fait de nous des hommes. »

C'est à eux que je dédie ce livre.

TAXI
PARISIEN
C
B
A

TAXI *[TAKSI]* N. M. (1905, « VÉHICULE QUELCONQUE : VÉLO, AVION, BROUETTE » ; 1907, ABRÉV. DE TAXIMÈTRE, POUR « VÉHICULE À TAXIMÈTRE ») 1. VOITURE AUTOMOBILE DE PLACE, MUNIE D'UN COMPTEUR (TAXIMÈTRE) QUI DÉTERMINE LE PRIX DE LA COURSE. 2. (1922) FAM. CHAUFFEUR DE TAXI.

C'est la définition qu'en donne le *Dictionnaire historique de la langue française* (*Le Robert*). Où l'on voit que le mot désigne tout à la fois le véhicule, celui qui le conduit et l'instrument qui sert à fixer le prix de la course. Un mot qui existe dans toutes les langues et qui n'a pourtant qu'un peu plus d'un siècle d'existence.
Il faut dire que le taxi n'a pas attendu l'automobile pour se faire une place dans nos vies. Son ancêtre, le fiacre, avait déjà une longue histoire, longue et mouvementée.

1. LE TAXI AVANT LE TAXI

L'AMOUR DANS UN FIACRE

Au commencement, tout est amour. Notre histoire débute à peine et c'est déjà une romance.

En France, on dirait que les fiacres sont nés pour ça : transporter les habitants de la grande ville, Paris, et protéger leurs amours clandestines. À la campagne, d'autres lieux servent à ça : on s'aime dans une grange, un sous-bois, à l'arrière des cuisines... À Paris, c'est différent. On manque d'espace. Alors, dès l'origine, les voitures de place ou « fiacres » servent à ça.

Tiré par un ou deux chevaux, le fiacre est une voiture de louage conduite par un cocher qui transporte les bourgeois, à la demande et pour une durée limitée.

Mais, déjà, Louis Sébastien Mercier dans son *Tableau de Paris* entre 1782 et 1788 décrivait leur véritable utilité : *« Ces voitures hideuses, dont la marche obscure est si traînante, servent quelquefois d'asile à la jeune fille échappée un instant à la vigilance de ses parents, et qui, montant d'un pied agile et non aperçu, veut converser avec son amant sans être vue, ni remarquée. »*

Les fiacres deviennent des refuges. Mais, d'abord, pourquoi dit-on « fiacre » pour désigner ces voitures hippomobiles qui se traînent (déjà…) dans Paris ? Là-dessus, les historiens hésitent.

Le mot a-t-il à voir avec le pèlerinage à Saint-Fiacre-en-Brie, où l'on allait pour implorer le saint homme de protéger son… fondement ? On rappellera au lecteur peu familier de la vie des saints que Fiacre (env. 630-670) s'assit sur une pierre qui se ramollit au contact de son fessier et en prit la forme. Depuis, le saint homme est censé protéger de la crise hémorroïdaire.

Ou bien, plus prosaïquement, le mot vient-il de la publicité ? Dans son livre intitulé *Origines de la langue française*, Ménage (1613-1692) explique qu'on appelle « fiacre » à Paris *« un carrosse de louage, à cause de l'image de saint Fiacre qui pendait pour enseigne à un logis de la rue Saint-Antoine »*.

Rue Saint-Antoine ou rue Saint-Martin… Là-dessus les versions divergent, mais il est avéré que le sieur Nicolas Sauvage, facteur des maîtres de coches d'Amiens, s'était vu accorder en 1640 la première concession par Louis XIII. Ses concurrents instruits du succès et de la réputation de son enseigne décidèrent de garder l'image de saint Fiacre pour faire prospérer à leur tour leurs affaires.

Autre hypothèse avancée par mon illustre prédécesseur Maxime Du Camp dans son article *« Les voitures publiques dans la ville de Paris : les fiacres et les omnibus »*, publié en 1867 : *« Un moine des Petits-Pères, nommé Fiacre, mourut en odeur de sainteté et on mit son portrait dans les nouvelles voitures pour les protéger des accidents. »*

En tout cas, quelle que soit l'origine du mot, les fiacres vécurent jusqu'à la Révolution française sous le régime du privilège. À peine née, la profession était déjà réglementée.

Dès 1688, un règlement avait établi quelles stations les fiacres devaient occuper dans Paris et une ordonnance du 20 janvier 1696 avait fixé le tarif : 25 sous pour la première heure, 20 sous pour les suivantes.

Les besoins de la bourgeoisie, la satisfaction des premiers utilisateurs et une certaine spéculation (déjà…) sur les privilèges accordés conduisirent les fiacres à se développer fortement tout au long du XVIIIe siècle. En 1779, il existait 1 800 fiacres pour 600 000 habitants à Paris. Leur réputation n'était pas bonne, les voitures étaient sales, les cochers grossiers, les accidents nombreux.

Pour assainir le secteur, Louis XVI décida de confier à Nicolas Perreau une concession de service public qui aboutit à une réduction drastique des effectifs en quelques années.

La Révolution française fit œuvre de libéralisation, comme on dirait aujourd'hui... Le 24 novembre 1790, l'exploitation des voitures de louage devint libre et le sieur Perreau fut indemnisé de la perte de son privilège par une somme de 420 000 livres. Au passage, le fisc créa une taxe spéciale, régulière et annuelle sur le transport de personnes. Les choses s'organisaient.

Pendant ce temps, nos fiacres étaient devenus des objets de désir. La littérature érotique des XVIIIe et XIXe siècles regorge de ces récits de voitures publiques où se cachaient les amours secrètes et parfois très libres.

Car il semble bien que le plaisir soit plus grand à faire l'amour dans un fiacre. Bien sûr, il y a la nécessité de se cacher : des parents, des prêtres, du regard des autres qui vous épient. Bien sûr, le secret crée une excitation particulière, une jouissance inédite.

Mais se cacher pour faire l'amour n'est rien, encore faut-il le faire en présence d'un tiers qui entend tout mais ne voit rien. C'est tout l'intérêt du fiacre. En termes littéraires, on appelle ça l'« entiercement », l'appel à un tiers. Comme le lecteur, le cocher se fait voyeur. Nous sommes protégés de la présence des autres, à l'écart de tous. De tous, sauf d'un seul : le chauffeur. On sait qu'il est là, qu'il n'en perd pas une miette et qu'il pourra tout raconter. C'est le témoin muet et invisible de nos ébats, celui qu'on sait être là, la raison d'être d'une excitation supplémentaire.

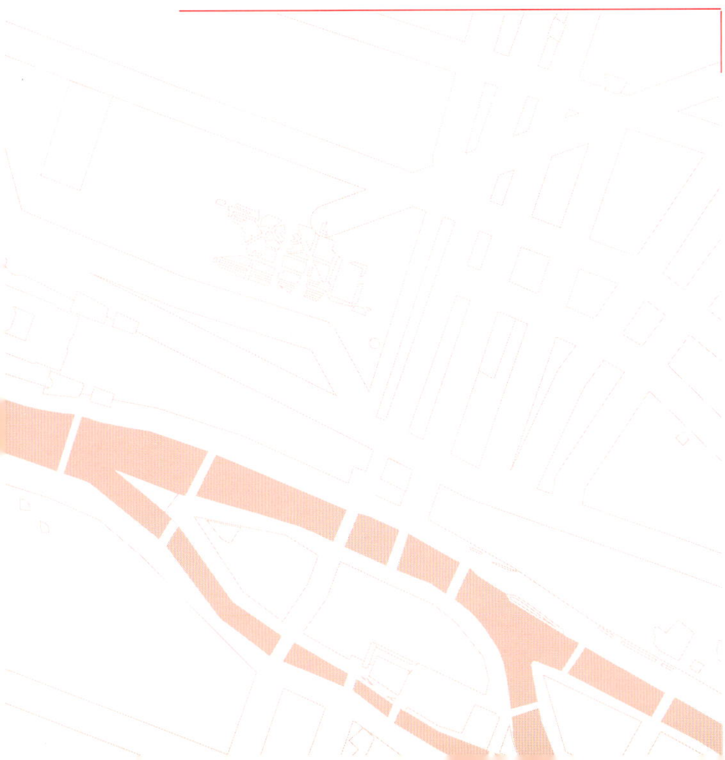

En 1800, dans *L'Enfant du bordel ou les Aventures de Chérubin*, le récit (anonyme) du trajet en « voiture publique » se fait franchement pornographique. Dans celle qui la mène à Paris, Félicité, alors âgée de 12 ans, fait la connaissance d'un capucin. En présence de la mère de l'enfant et d'autres voyageurs, le frère Ange, ce « séraphique personnage », profite d'un double entrebâillement vestimentaire (et de l'obscurité) pour initier la jeune fille aux mystères de l'anatomie. Le religieux espère bien d'autres plaisirs, mais Félicité a les pieds sur terre, si j'ose dire : *« L'aimable frère Ange aurait bien voulu me prendre mon pucelage sur-le-champ ; mais une voiture publique est un endroit trop incommode pour une opération de cette nature. »*

Le reste du XIXe siècle est plus sage et même, on le sait, franchement réactionnaire. Ceux qui ont lu *Madame Bovary* se souviennent sans doute du fameux épisode du fiacre. Ils auront du mal à croire qu'à l'époque Flaubert a été traduit en justice pour ces lignes. *« De temps à autre, le cocher sur son siège jetait aux cabarets des regards désespérés. Il ne comprenait pas quelle fureur de la locomotion poussait ces individus à ne vouloir point s'arrêter. »* La fureur de la locomotion, c'est l'amour qu'Emma Bovary accorde enfin à Léon Dupuis, le premier de ses soupirants.

Dans cette scène, Flaubert réussit à ne rien décrire de ce qui se passe à l'intérieur du fiacre, à part cette *« main nue [qui] passa sous les petits rideaux de toile jaune et jeta des déchirures de papier, qui se dispersèrent au vent »*. Ce sont les morceaux de la lettre que Mme Bovary destinait à Léon pour renoncer à ce rendez-vous et qui signifient sa reddition.

« Et sur le port, au milieu des camions et des barriques, et dans les rues, au coin des bornes, les bourgeois ouvraient de grands yeux ébahis devant cette chose si extraordinaire en province, une voiture à stores tendus, et qui apparaissait ainsi continuellement, plus close qu'un tombeau et ballottée comme un navire. »

Ces lignes pour sages qu'elles puissent nous paraître aujourd'hui étaient trop osées pour l'époque. En tout cas, il en fut considéré comme tel par Maxime Du Camp, qui décida de censurer le passage lors de la publication de *Madame Bovary* dans *La Revue de Paris*, dont il était le directeur de la publication.

Nous sommes en 1856 et Maxime Du Camp écrit à celui qui est pourtant son ami : *« Il ne s'agit pas de plaisanter. Ta scène du fiacre est impossible, non pour nous qui nous en moquons, non pour moi qui signe le numéro, mais pour la police correctionnelle qui nous condamnerait tout net. »* Flaubert exige de lui une note expliquant que son texte a été caviardé. Il accepte à contrecœur : *« La direction s'est vue dans la nécessité de supprimer un passage qui ne pouvait convenir à la rédaction de* La Revue de Paris *; nous en donnons acte à l'auteur. »*

Dans une lettre à Louise Colet, Flaubert écrivait en 1853 : *« J'ai une baisade qui m'inquiète fort et qu'il ne faudra pas biaiser, quoique je veuille la faire chaste, c'est-à-dire littéraire, sans détails lestes, ni images licencieuses ; il faudra que le luxurieux soit dans l'émotion. »* À lire le résultat, on voit qu'il a respecté sa ligne de conduite, sans biaiser.

TAXIS
TAXIS
TAXIS

D'autres « baisades en fiacre », comme aurait dit Flaubert, ont marqué la littérature française.

Même ceux qui n'ont pas lu Proust connaissent l'expression « faire catleya ». C'est, comme le disent Jean-Paul et Raphaël Enthoven dans leur *Dictionnaire amoureux de Marcel Proust*, *« un mantra, […] le seul proustisme en circulation, de façon quasi planétaire, chez les non-proustiens qui draguent, veulent coucher et blablatent par clichés ».*

Carte de cuir servant à voter lors des congrès du Syndicat des cochers chauffeurs dans les années 1930.

Odette est une cocotte, mais Swann l'aime. Même si, comme il s'en apercevra plus tard, elle n'est « pas son genre », il en est fou. L'amour, c'est bien connu, rend aveugle. Fou d'amour, fou de désir, fou de jalousie mais trop timide à l'idée d'entreprendre un geste. Il se raconte des histoires.

Heureusement, un trajet en fiacre va tout changer. Il profite donc d'un cahot providentiel de la voiture pour rajuster le corsage de celle qui n'avait pas besoin de tant de manières… Le catleya, cette sorte d'orchidée imprimée sur le tissu, est tout chiffonné, il faut donc lui redonner meilleure apparence. Les doigts s'enlacent, les seins sont là à portée de caresses, les baisers arrivent.

Comme le disent Enthoven père et fils, « faire catleya dessine alors, sans fioriture, un chemin voluptueux vers *l'origine du monde* ». C'est l'avis de deux connaisseurs…

Ce qui importe chez Proust, c'est le cahot de la route, le tressautement du fiacre, l'incident de parcours, alors que chez Flaubert, c'était la vitesse, la course folle d'un fiacre dans la campagne normande.

Mais, dans les deux cas, le fiacre offre aux amoureux le lieu de tous les possibles, celui qui les fera passer d'amoureux transis à amants fougueux. Décidément, le fiacre dissimule les amours et libère les corps.

Il libère même du mariage certaines épouses infidèles. C'est ce que chante, dans les années 1900, Yvette Guilbert, dans une chanson appelée « Le fiacre », qui sera reprise plus tard par Georges Brassens. Là encore, c'est le cahot de la route qui crée l'amour. Un amour adultère qui finit en accident de la route pour le plus grand plaisir de la dame. Quand elle sort pour constater les dégâts, elle découvre le corps de son mari, tout « escrabouillé » !

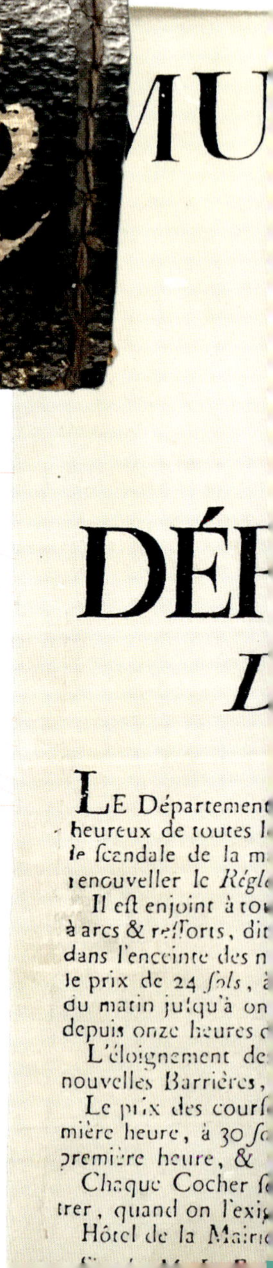
MU
DÉF
L
LE Département
heureux de toutes l
le scandale de la m
renouveller le Régle
Il est enjoint à to
à arcs & ressorts, dit
dans l'enceinte des n
le prix de 24 sols, à
du matin jusqu'à on
depuis onze heures d
L'éloignement de
nouvelles Barrières,
Le prix des cours
mière heure, à 30 s
première heure, &
Chaque Cocher s
trer, quand on l'exig
Hôtel de la Mairi

Depuis, évidemment, les taxis n'abritent plus les amours clandestines… Enfin, on suppose.

Pourtant, il semble bien, à écouter les chauffeurs de taxi parisiens, qu'à l'époque de Tinder ou d'AdopteUnMec.com, certains amoureux se cachent encore dans des voitures pour éviter les regards des importuns. Comme on le verra plus tard, dans l'histoire tout est un éternel recommencement.

Règlement de police de la municipalité de Paris concernant les cochers de fiacre, 1790.

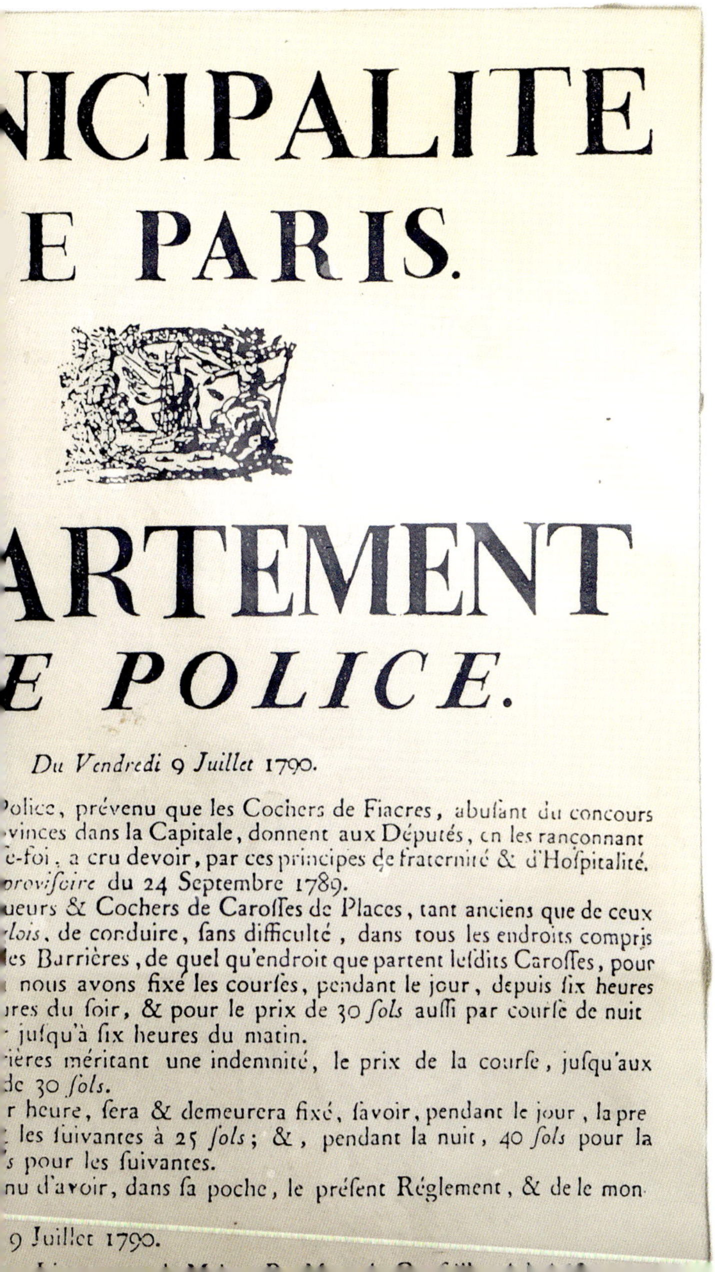
NICIPALITE
E PARIS.
ARTEMENT
E POLICE.
Du Vendredi 9 Juillet 1790.
Police, prévenu que les Cochers de Fiacres, abusant du concours
vinces dans la Capitale, donnent aux Députés, en les rançonnant
e-foi, a cru devoir, par ces principes de fraternité & d'Hospitalité.
provisoire du 24 Septembre 1789.
ueurs & Cochers de Carosses de Places, tant anciens que de ceux
lois, de conduire, sans difficulté, dans tous les endroits compris
les Barrières, de quel qu'endroit que partent lesdits Carosses, pour
nous avons fixé les courses, pendant le jour, depuis six heures
ures du soir, & pour le prix de 30 sols aussi par course de nuit
jusqu'à six heures du matin.
ières méritant une indemnité, le prix de la course, jusqu'aux
de 30 sols.
r heure, sera & demeurera fixé, savoir, pendant le jour, la pre
les suivantes à 25 sols; &, pendant la nuit, 40 sols pour la
s pour les suivantes.
nu d'avoir, dans sa poche, le présent Réglement, & de le mon
9 Juillet 1790.

LE COMPTEUR TOURNE

C'est bien connu, les Romains ont tout inventé. Même le compteur du taxi !

Selon les historiens, le taximètre existait déjà à Rome, où certaines charrettes étaient équipées de petits bouliers. Au fur et à mesure du trajet, les boules se libéraient, ce qui permettait à l'arrivée de compter la distance et le temps, et de fixer le prix. C'est l'ancêtre du compteur que nous connaissons aujourd'hui, sauf que celui-là n'enregistrait que la distance parcourue. On appelle ça l'« odomètre ».

Désormais, dans tous les pays du monde (ou presque), la tarification des taxis se fait grâce à un compteur horokilométrique qui prend en compte tout à la fois la distance et le temps passé par le client à l'intérieur du véhicule. Mais l'histoire fut longue pour en arriver là.

Retour à l'ère des fiacres, où le prix de la course fut d'abord fixé, comme on l'a vu, au temps passé dans la voiture. La loi du 11 vendémiaire an IX (3 octobre 1800) avait établi de nouveaux tarifs : 1 franc 50 centimes la course et 2 francs l'heure.

Jusqu'en 1817, les loueurs et les entrepreneurs avaient pleine liberté d'action. Mais déjà, à cette époque, la préfecture de police est seule habilitée à accorder des autorisations pour l'exploitation, le remisage, le stationnement des voitures.

Soucieux de transformer Paris en une capitale moderne, Napoléon III décide de prendre le contrôle des fiacres en créant, en 1866, la Compagnie impériale des voitures de Paris et de renouveler la flotte des fiacres parisiens.

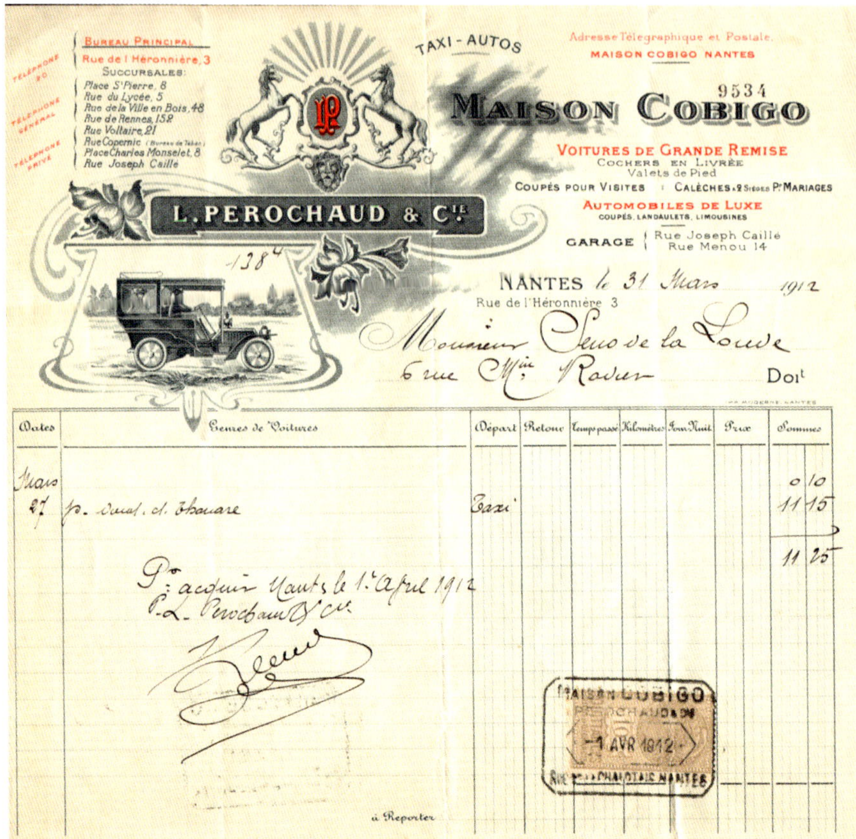

En rencontrant le succès auprès du grand public, la Compagnie impériale comprend le bénéfice qu'il y aurait à créer un nouveau service pour les plus fortunés d'entre les Parisiens, un service haut de gamme en quelque sorte. La grande remise est née.

Ce sont des voitures qu'on loue à l'année, au mois ou à la journée, sans tarif fixe, à prix débattu. Pour être rapidement disponibles, les voitures doivent être à proximité des beaux quartiers et le dépôt est placé dans « un quartier très riche, très fréquenté, en un mot dans le quartier de l'oisiveté et du luxe », comme le dit Maxime Du Camp.

C'est à cette époque que la question du compteur se pose de nouveau. L'inventeur du taximètre moderne est un magicien. Un vrai de vrai. Il s'appelle Jean-Eugène Robert-Houdin. Attention ! À ne pas confondre avec un autre magicien, le célèbre Houdini.

Robert-Houdin est un « Géo Trouvetou » du XIXe siècle, un inventeur de génie, un escamoteur, un prestidigitateur, un homme de théâtre et d'illusions, mais aussi un constructeur d'automates et un horloger réputé. C'est à lui qu'on doit le réveil briquet, qui, reconnaissons-le, n'est pas passé à la postérité, mais aussi le mécanisme permettant de compter les touches à l'escrime (très utile pour la France, tous les quatre ans, au moment des Jeux olympiques) ainsi que plusieurs appareils d'ophtalmologie, des robots musicaux et, donc, notre taximètre. Il dépose un brevet en novembre 1848 et le cède ensuite à la Compagnie impériale des voitures, qui n'en fait rien. Nul n'est prophète en son pays.

En 1867, la grande grève des cochers de fiacre parisiens et le mécontentement des usagers conduit la Ville à faire installer 4 sortes de prototypes de compteur sur 69 fiacres (parmi les quelque 6 000 alors en circulation).

L'expérience est un échec auprès des clients, qui estiment que le cocher les trompe malgré tout !

Mais c'est en 1891 que l'ingénieur allemand Friedrich Wilhelm Gustav Bruhn dépose un brevet à Berlin et soumet son invention à des constructeurs. Le premier véhicule de louage équipé de ce *Taxameter* sera donc allemand, une Victoria à essence fabriquée par Gottlieb Daimler, en 1897.

À Paris, en septembre 1904, à peine quelques centaines de voitures sont équipées de ce taximètre, qui ressemble à une horloge toute ronde, placée à la droite du cocher. Il est surmonté d'un petit drapeau métallique portant le mot libre. Le drapeau est vertical quand le fiacre est vide et abaissé derrière une cache dès que la voiture est occupée.

Toujours vigilante, la chanson populaire enregistre l'arrivée dans les rues de Paris de ces drôles de réveille-matin accrochés aux fiacres, et Charlus, de son vrai nom Louis-Napoléon Defer, chante au début du XXe siècle le bonheur de ne plus se faire carotter par le cocher grâce à eux. Jamais à court de bons mots à l'époque, le chanteur ironise entre « taxamètre » et « t'as que ça à me mettre », entre courses en fiacre et chansons gentiment paillardes. Décidément, le taxi inspire nos chansonniers.

Mais les automobiles vont faire souffler un vrai vent de modernité. Avec les taxis Renault, on change de dimension et le taximètre devient de série. Avec eux, pas de mauvaise surprise au moment de payer.

Dans *L'Automobile* du 29 septembre 1906, on explique le succès de ces voitures équipées de compteur :

« Nos lecteurs ont pu voir circuler, depuis quelques jours, à travers les rues de Paris, de délicieuses petites voitures automobiles si coquettes que leurs qualités de fiacre ne se révélaient que par un taximètre. Certes, l'idée n'est pas nouvelle, mais si nous avons, en effet, vu rouler des automobiles munies de taximètres, nous devons reconnaître que celles-ci n'avaient rien qui ressemblât à des voitures de place. C'étaient pour la plupart des vieilles voitures d'occasion qui, refusant pour ainsi dire tout service, avaient été munies de taximètres, affublées du nom de fiacre, et lancées en circulation au grand effroi des populations qui s'étonnaient que certaines voitures fussent si silencieuses, alors que celles-là se faisaient remarquer par leur marche irrégulière autant que bruyante. »

Bref, le taxi, c'est le compteur. Et c'est tellement vrai que c'est le compteur, d'abord dénommé « taxamètre » puis « taximètre », qui a donné son nom au véhicule, ensuite à la profession, enfin au chauffeur !

Qui dit taximètre dit nécessité de fixer le montant des courses à l'avance, d'avoir une tarification unique, d'établir les tarifs réglementés. L'histoire des taxis, c'est celle des tarifs imposés, on l'a vu. Le contrôle n'est donc pas seulement celui du patron, de la compagnie de taxis ou du client, mais aussi celui de la préfecture de police, de l'Administration, de l'État en somme.

Dès 1908, la presse parisienne se fait l'écho de cette nécessité : avoir un taximètre ne suffit pas, il faut harmoniser les prix et la puissance publique doit établir une réglementation sur les tarifs des autos-taxis. On y reviendra…

LE TRIOMPHE DES RENAULT

Louis Renault, 1918.

Quand on pense aux taxis Renault viennent immédiatement à notre esprit les images de la bataille de la Marne, la guerre de 14, les troupes au front. Le mythe est là. Et, pourtant, les taxis ont eu une influence moins décisive qu'on l'a cru initialement dans l'issue de cette bataille, moins décisive qu'on l'a dit. Avant d'en parler et de revenir sur cette page importante dans l'histoire des taxis en France, faisons preuve un instant de patriotisme automobile.

L'histoire de Renault, c'est l'histoire de la France, avec ses succès, ses réussites, ses échecs et ses parts d'ombre aussi, comme lors de l'Occupation.

Mais si les taxis Renault ont marqué l'imaginaire collectif, ce n'est pas seulement à cause de la bataille de la Marne. C'est tout simplement parce qu'ils sont nés avec le XXe siècle et qu'ils ont été, pour beaucoup de Français, l'occasion de faire un premier petit tour d'« automobile ». Prendre un taxi à Paris au lieu d'un fiacre, c'était faire l'étrange découverte de l'automobile, qui devait révolutionner les transports et la vie quotidienne du nouveau siècle.

L'histoire des taxis Renault commence en 1905 et, comme souvent en France, par la réponse à un appel d'offres public. La Compagnie française des automobiles de place (CFAP) souhaite créer une flotte de « fiacres automobiles » pour remplacer les véhicules hippomobiles qui circulent dans la capitale, plus de 20 000 à l'époque.

Louis Renault a l'idée de créer un modèle spécialement conçu pour les chauffeurs de taxi, un auto-taxi à la française, destiné à la conduite en ville. Il remporte l'appel d'offres avec un véhicule révolutionnaire, le type AG.

Quels sont ses atouts ? D'abord, c'est un véhicule neuf, pas une automobile d'occasion, comme l'étaient les premiers taxis. Il est maniable, pas trop encombrant pour les rues de Paris, mais suffisamment stable avec ses 1 050 kilos. Facile à conduire, il possède 3 pédales et un changement de vitesse en ligne. La position du chauffeur, d'abord à droite pour vérifier qu'il ne touche pas le caniveau, est très vite revue et corrigée pour être finalement à gauche afin de favoriser les dépassements : il faut dire qu'il roule vite, de l'ordre de 30 à 40 kilomètres à l'heure, ce qui en ville le rend presque dangereux.

Peut-être pour ne pas effrayer le client, le taxi Renault ressemble à s'y méprendre à un fiacre, du genre coupé. Il ne manque que les chevaux, mais ils sont dans le moteur. La carrosserie permet aux passagers de profiter du soleil par beau temps, mais le chauffeur, lui, ne dispose que d'une faible protection, un auvent repliable, appelé « capucine ». Le moteur est un 8 chevaux, un bicylindre de 75 × 120 mm, qui évoluera en 80 × 1 120 mm avec l'apparition, fin 1907, du type AG1. Et puis, surtout, il possède une roue de secours qui peut se fixer sur la roue crevée pour livrer le client avant de retourner au garage et réparer.

Le problème principal à cette époque, ce qui coûte cher, ce n'est pas l'essence, ce sont les pneumatiques. Le caoutchouc est une denrée rare et les routes sont en mauvais état. Il arrive donc de crever plusieurs fois dans la même journée. Les chauffeurs s'en plaignent beaucoup et les compagnies font et refont leurs calculs.

Voici, d'après *La France automobile* du 19 janvier 1907, un état des dépenses journalières d'un véhicule :

Salaire	7,80 francs
Essence	6,50 francs
Pneumatiques	13 francs
Amortissement du véhicule	8 francs
Garage et frais généraux	3,60 francs
Entretien	0,25 franc
Réparations	1 franc
Total	40,15 francs

Pour un chiffre d'affaires quotidien évalué à 45 francs, le bénéfice net est donc de l'ordre de 4 francs, soit 10 %, ce qui n'est pas si mal.

Mais les compagnies se plaignent de bénéfices qui ne progressent pas assez, compte tenu de la hausse du prix du caoutchouc, qui a atteint de 28 à 30 francs le kilo, contre 8 à 10 francs avant l'apparition des taxis Renault. C'est le prix à payer pour le développement de l'automobile.

Trois compagnies se partagent alors le marché des autos-taxis parisiens. La Compagnie française des automobiles de place (Autoplace), qui peint ses Renault en rouge foncé et à laquelle l'Administration a donné la fameuse immatriculation G7. Elle correspond au garage 7, lieu où les autos-taxis stationnaient en dehors du service. La Compagnie générale des voitures, dont les Renault sont peintes en vert, est répertoriée G3 et adoptera la conduite à gauche en 1912. La Kermina, la troisième grande compagnie, se voit immatriculer G2. Au total, Renault a fabriqué environ 11 700 taxis de type AG et ses dérivés pour ces 3 compagnies.

Malgré cette intense production et une structuration de l'offre grâce à celles-ci, il est amusant de remarquer que les Parisiens se plaignent, dès l'apparition des autos-taxis, qu'ils ne sont pas assez nombreux. C'est comme si les critiques sur la pénurie de taxis avaient toujours existé, comme le montre cet article de *La France automobile* du 14 juillet 1906. Rares et chers, les taxis parisiens le sont dès l'origine :

« L'après-midi, les "Renault" sont introuvables ; devant le Grand Hôtel, qui est leur lieu d'élection, on les voit stopper pour repartir aussitôt, accaparés par les plus offrants. Car, vous pensez bien, messieurs les conducteurs – encore qu'ils soient mieux stylés que les cochers de fiacre – n'ont garde de manquer les bonnes occasions. Et tel qui demande à être conduit à la Porte Maillot, au tarif de la course, se voit facilement supplanté par un autre client qui offre un large pourboire. »

« La recherche d'un "Renault" devient du flair, de l'habileté, parfois de la ruse ; tout le monde n'y réussit pas également. J'ai vu, de mes yeux vu, des gens en mal d'automobile fréter un fiacre hippomobile pour courir à la recherche du landaulet de leurs rêves et, pendant une demi-heure, parcourir les Grands Boulevards, de la Madeleine à l'Opéra et vice versa, jusqu'au moment où ils purent prendre d'assaut le premier qui s'en fut vide.

« De tels faits ne sont pas rares. Ils montrent la vogue avec laquelle ces nouveaux véhicules ont été accueillis par le public et laissent entrevoir aux entrepreneurs de transport un avenir plein de promesses pour une exploitation de ce genre. »

Ces lignes pourraient avoir été écrites un siècle plus tard. Aujourd'hui la situation a sensiblement changé, avec l'apparition des VTC. Mais c'est une autre histoire… Nous la raconterons plus tard.

En attendant, la messe est dite, le succès est là et les fiacres sont appelés à disparaître. C'est ce que laisse entendre cet article de *La France automobile et aérienne* du 27 novembre 1909 :

« L'hiver approche à grands pas. Les cochers font la moue : les fiacres hippomobiles sont en baisse, et le nombre d'autos-taxis en circulation s'élève de jour en jour. La concurrence n'est plus possible, l'habitude est prise : il n'y a plus à vouloir lutter.

« Un certain nombre de cochers n'avaient pas pensé que l'essor de l'automobile de place serait aussi rapide : beaucoup d'ailleurs ne voyaient pas de progrès : à l'heure actuelle, ils sont forcés d'en rabattre…

« Rien n'arrête le progrès, et la vie actuelle si active nous impose des moyens de transport très rapides, dont nous ne sommes d'ailleurs jamais satisfaits. Toujours plus vite ! C'est bien le mot d'ordre de la civilisation, aussi perfectionne-t-elle sans cesse tout ce qui a rapport aux trois modes de locomotion : sur terre, sur l'eau et dans les airs.

« En dehors de la vitesse, plus que doublée sur son concurrent, le taxi-auto est plus confortable, son intérieur est plus spacieux, on est plus à son aise. De plus, en hiver, pendant la mauvaise saison, l'auto sort dix fois vainqueur de la lutte : avec ses antidérapants, il va partout, il affronte le verglas, la neige, la glace, les fortes ondées, le brouillard même avec ses phares, tandis que le cheval n'ose avancer, glisse, tombe, se fatigue vite. »

Fort de son succès, Renault exporte et son taxi devient un succès mondial. Très vite, les commandes affluent de Grande-Bretagne, de Russie et même d'Argentine, ce qui assure des volumes à la fois conséquents et stables et permettra à Renault de rivaliser avec les constructeurs les mieux installés avant la Première Guerre mondiale.

À Londres, Renault expédie environ 500 véhicules produits entre décembre 1906 et mars 1907 et Scotland Yard indique dans son recensement effectué en novembre 1908 que, sur 2 412 véhicules, 1 259 sont des Renault. Particularité locale, la place de gauche, à côté du conducteur, est déjà réservée pour les bagages !

En inventant le taxi, Renault vient de se propulser sans le savoir dans la cour des grands, celle des constructeurs qui ont marqué à tout jamais l'histoire de l'automobile...

Winston Churchill
se rendant à
Buckingham
Palace en taxi
Renault, 1911.

Les Taxis de la Marne

(6 Septembre 1914)

CAHIER de ______________________

Appartenant à

2.
LES TAXIS DANS LA GUERRE

Symbole du développement de l'automobile, le taxi a traversé le XXe siècle à tombeau ouvert, comme on traverse un champ de bataille sous les bombes. Héros de la Première Guerre mondiale en France, il a été ensuite de tous les théâtres d'opérations, de tous les conflits, sur tous les continents. Il a conduit des soldats au front, protégé des reporters de guerre, raccompagné des blessés. Des bords de Marne jusqu'aux conflits du Proche-Orient, en passant par la France durant l'Occupation et l'Algérie en guerre, le taxi a été présent partout. Dans l'histoire du siècle passé, le taxi a pris sa part de la folie des hommes. Il la prend encore dans l'actualité de tous les jours.

LES SENTIERS DE LA GLOIRE

Dans l'euphorie de la mobilisation générale, on croyait à une guerre éclair, mais on ne pensait pas que les Allemands fonceraient si vite sur Paris. Moins d'un mois après le début du premier conflit mondial, en septembre 1914, la bataille de la Marne est déjà la bataille de la dernière chance. C'est aussi la plus grande bataille de l'histoire militaire, qui met en présence 2 millions de soldats sur un front de 200 kilomètres.

C'est d'abord et avant tout l'histoire de ces hommes qui, après avoir reculé pendant des semaines, acculés, épuisés de fatigue, à demi morts, décident de s'arrêter, de tenir et trouvent le courage de se relever.

Mais c'est aussi l'histoire d'une divergence stratégique au plus haut niveau du commandement militaire entre Gallieni, le gouverneur militaire de Paris, qui veut se battre jusqu'au bout et par tous les moyens, et Joffre, le généralissime, qui est déjà en train de se replier.

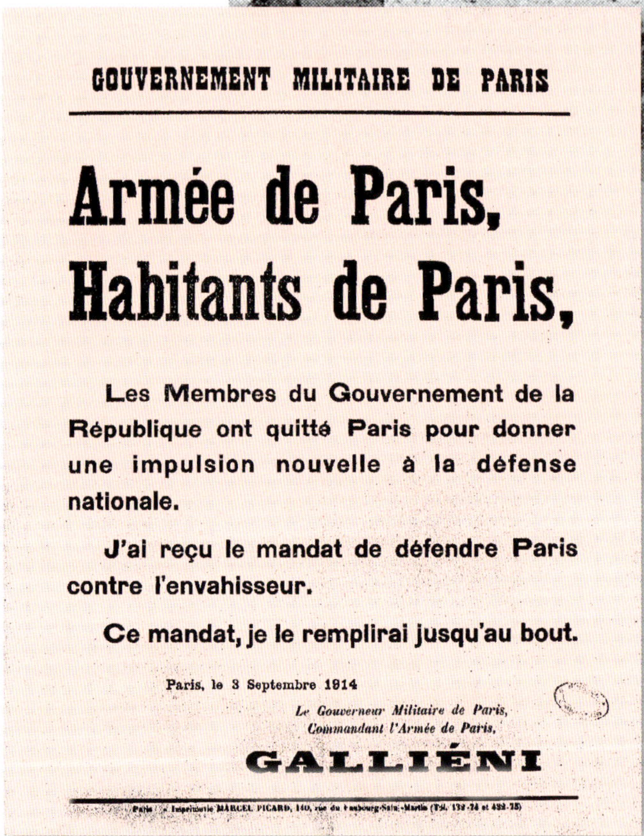

GOUVERNEMENT MILITAIRE DE PARIS

Armée de Paris, Habitants de Paris,

Les Membres du Gouvernement de la République ont quitté Paris pour donner une impulsion nouvelle à la défense nationale.

J'ai reçu le mandat de défendre Paris contre l'envahisseur.

Ce mandat, je le remplirai jusqu'au bout.

Paris, le 3 Septembre 1914

Le Gouverneur Militaire de Paris,
Commandant l'Armée de Paris,

GALLIÉNI

Et c'est l'histoire de l'alliance de deux pays, la France et la Grande-Bretagne, unis par la grâce d'une phrase prononcée par le général French (ça ne s'invente pas), mal traduite par Joffre, qui scelle l'engagement des troupes britanniques dans la bataille et le début de la contre-offensive.

La guerre a été déclarée le 2 août 1914 et, depuis, les Allemands marchent sur Paris. Le gouvernement a quitté Paris pour Bordeaux, la capitale est menacée, ses habitants commencent à s'enfuir. Joffre est partisan d'un repli stratégique au sud de Paris tandis que Gallieni ne veut pas déclarer la capitale « ville ouverte ». Les deux hommes se connaissent bien. Gallieni a commandé Joffre et si Joffre est devenu généralissime, ce n'est que parce que Gallieni est parti à la retraite en 1913.

Le 3 septembre, Gallieni fait placarder sur les murs un appel à la résistance du peuple de Paris. Le 5 septembre, il apprend qu'une partie de la 1re armée allemande de von Kluck a fait une telle percée dans les lignes françaises qu'elle est sur le point de déferler sur Paris. C'est le moment d'agir. Gallieni arrive à convaincre Joffre d'aller trouver son homologue britannique, le général French, dans son QG, à Melun, pour le convaincre de participer à cette bataille décisive. Joffre ne parle pas anglais, mais il croit comprendre que la réponse est positive quand l'autre lui dit : « *I will do my possible.* » Le 6 septembre, Joffre lance l'ordre de la contre-attaque.

Reste à savoir comment les troupes vont pouvoir être transportées. Les trains sont surchargés, ils ne pourront suffire.

Alors, dans son PC installé au lycée Victor-Duruy, Gallieni a une idée. Depuis qu'il est gouverneur militaire de Paris, il a demandé qu'on lui prépare la réquisition de tous les véhicules à moteur de la capitale, y compris les fameuses « deux pattes », ces taxis Renault qui ont fait le succès des compagnies depuis dix ans et la ruine des fiacres. 150 taxis doivent être constamment à sa disposition et 900 mobilisables en douze heures.

Dans la soirée du 6 septembre, la réquisition prend une tout autre ampleur : tous les taxis qui circulent dans Paris sont arrêtés en pleine course et envoyés sur l'esplanade des Invalides.

Des 10 000 taxis que l'on rencontrait dans Paris à la veille des hostilités, il n'en reste plus qu'environ 3 000, la plupart des chauffeurs ayant été mobilisés. Ceux qui conduisent encore sont des hommes trop âgés ou réformés. C'est à eux que va être confiée une mission révolutionnaire : transporter dans la nuit une partie des renforts qu'attend le général Maunoury sur le front pour mener la contre-offensive décidée par Joffre.

En fin de soirée, un premier convoi de 350 taxis part de l'esplanade des Invalides sous le commandement de deux « lieutenants-députés » : Lefas et La Chambre. Alexandre Lefas, âgé de 42 ans, est lieutenant de réserve en 1914. Député d'Ille-et-Vilaine depuis 1902, il siège depuis les élections d'avril 1914, les dernières avant la déclaration de guerre, au sein de la Fédération républicaine, le grand parti de la droite conservatrice. Charles La Chambre, lui, n'est plus député en 1914, mais il l'a été de 1902 à 1906. Avocat, originaire d'Ille-et-Vilaine comme Lefas, il a siégé au sein de l'Action libérale, un parti qu'on qualifierait aujourd'hui de « démocrate-chrétien ».

Le lieutenant Lefas raconte l'odyssée des taxis de la Marne : *« Nombre d'autres taxis sont restés le long de la route, soit par défaut de pneus ou d'essence, soit fatigue extrême des chauffeurs (quelques-uns étaient en service depuis quarante heures), soit défaut d'ordre ou d'ordres contradictoires. Le sous-lieutenant La Chambre a réuni quelques voitures (une quinzaine) à Villeneuve-sous-Dammartin, a fait reposer les chauffeurs deux heures dans leurs taxis et a rejoint Livry le 8 septembre à 6 heures du matin. »*

Lieutenant Alexandre Lefas, 1914.

LA RÉQUISITION DES VOITURES

Dès le premier jour de la mobilisation tous les véhicules sont réquisitionnés et amenés sur l'esplanade des Invalides.

A côté des voitures s'amoncellent les caisses conte d'essence ; car l'essence est réquisitio

Les yachts gracieux et confortables ont été réquisitionnés eux aussi ; les voici au port de Suresnes attendant leur départ.

Les voitures lourdes, les gros camions automobiles sont dirigés vers le champ d'aviation d'Issy-les-Moulineaux.

Les voitures attelées, voitures de livraison et camions de transport, ont parcouru les rues en files interminables.

Luxueuses limousines, coupés de maîtres, torpédos, voisinèrent assemblés devant les Invalides où eut lieu la réception.

Tout ne se passe pas, en effet, aussi bien qu'on pourrait le croire, car la plupart des chauffeurs montrent quelques réticences. En effet, étant civils, s'ils sont faits prisonniers par l'ennemi, ils risquent tout simplement d'être passés par les armes ! Perspective qui ne les enchante pas outre mesure, on s'en doute.

Conséquences d'une organisation fiévreuse, les troupes que l'on doit venir renforcer ne se trouvent pas là où on les attend, l'intendance n'a pas suivi et bien des chauffeurs resteront vingt-quatre heures sans manger.

En revanche, ils seront rémunérés selon le tarif légal « numéro deux », et les chauffeurs toucheront 27 % du prix de la course, comme pour un trajet dans l'immédiate banlieue parisienne. Au total, les taxis de la Marne coûteront 70 102 francs au Trésor public.

Mais quel impact ont eu réellement les taxis de la Marne dans l'histoire ? Assurément peu du point de vue militaire. Les 5 000 hommes au maximum qui ont été transportés n'étaient pas les plus frais, souvent déjà blessés ou épuisés, ils avaient été rapatriés à l'arrière. Ils ne participèrent que de loin aux combats, surtout en deuxième ligne.

En revanche, l'événement eut évidemment une grande portée symbolique dans l'imaginaire collectif. D'abord pour prouver le courage des troupes françaises, leur capacité à retourner les situations les plus difficiles, la chance qui les sauve et leur audace que rien n'arrête.

Comme l'écrira Jean Dutourd, *« les fantômes cahotant des taxis de la Marne, aux formes assez antiques pour n'être plus ridicules, émergeaient du passé… »*. Pour lui, les taxis de la Marne sont comme l'instant fatal où la France peut croire encore à sa bonne étoile.

En nostalgique d'un pays perdu, il les vénère et les espère en 1940 : *« Il y aurait de nouveau des taxis qui surgiraient à la dernière minute, à l'ultime seconde ; ce serait les taxis de la Seine, oui, de la Seine, peut-être, cette fois-ci, ou de la Loire, encore… »*

Les taxis de la Marne sont comme le symbole de l'unité nationale, de la solidarité entre les soldats et l'arrière et de la formidable capacité de résistance du peuple de Paris qui s'exprimera sous d'autres formes trente ans plus tard. C'est l'alliance des civils et des militaires, même si l'essentiel des chauffeurs de taxi parisiens était aux avant-postes, déjà mobilisés et futurs sacrifiés. Ces cadavres-là, on les oublie un peu vite quand on raconte l'histoire des taxis de la Marne, leur héroïsme et les couleurs vives de leur uniforme.

Et, pourtant, la bataille de la Marne n'est pas seulement un coup d'arrêt. Elle marque le véritable début de cette Grande Guerre, qui devait ne durer que quelques semaines et qui se terminera par la mort de 6 millions d'Européens. Plus rien ne sera jamais comme avant.

Les taxis de la Marne, c'est le dernier moment de relative insouciance où les Français se croient encore les plus forts, parce qu'on le leur a dit. Derrière, il y a l'enlisement des combats, la guerre qui dure, la boue, les tranchées et Verdun, où l'on se tuera pour gagner 1 mètre.

TOMBEAU DE DAMIEN MAGNAVAL

Chaque année, au début de l'automne, les militants de la CGT des taxis, ceux qui s'appellent entre eux les « copains de la Bourse du travail », font le déplacement en Corrèze pour honorer l'un des leurs, un chauffeur de taxi disparu en 1938 sur le front de l'Èbre, à des centaines de kilomètres de son village natal de Gourdon-Murat.

Il s'appelle Damien Magnaval. Fils de fermiers, il est élevé à l'école protestante du village que des Drômois ont créée sur le plateau de Millevaches. Parce qu'il n'y a pas assez de travail pour toute la famille, il part deux ans au Maroc dans une ferme que dirige son oncle. Il y découvre l'exploitation des hommes, les brimades, les insultes, les coups, le quotidien de la colonisation au début des années 1920. De retour à Paris, en 1926, il s'inscrit au Parti communiste français et, comme il faut bien vivre, il devient chauffeur de taxi. Son frère, Louis, a choisi la Marine et navigue sur le *Jean-Bart*. Dans chacune de ses lettres, Damien le dissuade de revenir : *« Surtout, ne deviens jamais chauffeur de taxi ! »*

Pourtant, Damien fait son trou dans le métier… À l'époque, la profession est tenue par ceux qu'on appelle les « pays », des Corréziens, des Haut-Viennois, des Creusois qui ont fui la misère du Plateau. Et puis, les Russes, de plus en plus nombreux. C'est d'ailleurs un chauffeur russe qui l'accueille à la Bourse du travail, rue du Château-d'Eau, à côté de la place de la République, au siège du Syndicat des cochers chauffeurs. Il s'appelle Fédia Lidlé. Sans qu'ils le sachent, leur destin est lié, ils mourront tous les deux pour tenter de sauver l'Espagne.

Visage rond, haute silhouette, parler franc et direct, Damien Magnaval devient un habitué de la Bourse du travail. Il est de toutes les grèves, de toutes les manifestations. Les temps sont durs, la crise est là. Les taxis en sont réduits à suivre les tramways en espérant qu'une défaillance technique leur procure quelques clients. Son sang-froid, son sens de l'organisation, son côté terrien font progressivement de lui un personnage important dans ces moments difficiles.

Lors du congrès de 1935, Damien Magnaval est élu secrétaire du Syndicat des cochers chauffeurs du département de la Seine.

À ses côtés, Fédia Lidlé déploie lui aussi une activité syndicale hors du commun. Il a créé *Le Chauffeur russe*, un journal spécialement imprimé à destination de ses compatriotes et rédigé intégralement en cyrillique. Lui, le Russe blanc, qui a fui son pays après la révolution d'Octobre devient, ironie de l'histoire, un des meilleurs militants de la CGT de l'entre-deux-guerres.

Les deux camarades, Damien et Fédia, participent aux mouvements de mobilisation pour obtenir du gouvernement du Front populaire la première loi sur les taxis. Plus que jamais, ils sont unis par leurs convictions communes, leurs luttes sur le terrain, leur volonté d'aider la profession.

Contrairement à ce que semble indiquer *Le Réveil des cochers chauffeurs*, Damien Magnaval est bien mort en 1938.

TRENTE-CINQUIEME ANNEE — NOUVELLE SERIE. — N° 4 — DECEMBRE 1945.

Le Réveil des Cochers Chauffeurs

ORGANE OFFICIEL DU SYNDICAT

Rédaction et Administration : Bourse du Travail, Paris — Tél. Botzaris 32-56

En 1939, le total des importations de carburant pour la France entière était de 350.000 mètres cubes par mois. Il atteignait, au mois de novembre dernier, 155.865 mètres cubes.

La consommation d'essence des taxis parisiens se montait mensuellement à 9.000 mètres cubes. Il nous est alloué, pour décembre 1945, 550 mètres cubes.

EST-CE JUSTE ?

Damien MAGNAVAL,

HÉROS et MARTYR de la lutte anti-fasciste

Le 9 septembre dernier, un monument élevé à Gourdon-Murat (Corrèze), à la mémoire de notre camarade Magnaval, a été inauguré en présence des représentants de notre syndicat.

Il y a huit ans déjà que notre cher Damien tombait en Espagne avec des milliers de jeunes antifascistes de tous les pays. Il avait répondu à l'appel de la République espagnole, agressée par les bandits fascistes de Franco qui bénéficiaient de l'appui total de l'Allemagne hitlérienne et de l'Italie fasciste.

Commissaire politique d'une compagnie de la 14e Brigade internationale « La Marseillaise », c'est à la bataille de l'Ebre, au cours d'héroïques combats, qu'il tomba sur le front de sa compagnie à la fin de septembre 1937.

Les chauffeurs de taxi gardent le souvenir impérissable de ce bon camarade qui fut de toutes les luttes. La grève de février 1934 le trouva à la tête de la section syndicale du garage Diderot, dont il était l'animateur. Son courage confiant et tranquille, son dévouement inlassable lui avaient acquis la sympathie de tous ses camarades. Il était secrétaire de notre syndicat lorsqu'il partit combattre en Espagne.

Nous pouvons mesurer, aujourd'hui, toute la grandeur de son sacrifice et de celui de tous les combattants de la liberté dont beaucoup, hélas, comme lui dorment dans cette terre d'Espagne qui n'est pas encore redevenue libre. Nous voyons mieux aussi les terribles conséquences qui ont découlé pour notre pays de l'odieuse politique de non-intervention, responsable de leur mort et de l'écrasement de la République espagnole.

Cette politique devait nous conduire à Munich, à la drôle de guerre, à juin 40, à l'esclavage ignoble, à la honte que nous avons connue pendant 4 années de souffrances inouïes sous l'occupation nazie.

C'est le souvenir des héros de la liberté qui animait les combattants de la libération. C'est encore ce souvenir et la haine du fascisme qui doivent nous animer, si nous voulons arracher les derniers vestiges qui en existent dans le monde.

Magnaval et ses compagnons de lutte ne seront vengés que lorque flottera sur l'Espagne le drapeau de la République et que disparaîtra cet abcès purulent du régime de boue et de sang qui subsiste de l'autre côté des Pyrénées.

LOCHE.

Une souscription est ouverte dont le montant doit servir à agrémenter d'un entourage le monument ci-dessus.

Les chauffeurs de taxi parisiens voudront que cet hommage, qu'ils rendent à l'ancien secrétaire de leur syndicat, soit digne de lui et d'eux.

La reprise des cartes

DEUX VICTIMES du fascisme assassin

CHAMPEVAL

LE HENN

Aux camarades travaillant pour l'État-Major américain

Pour donner du travail à tous

Le Taxi à Paris et ailleurs

Les Petits Propriétaires et les Allocations Familiales

43

La guerre se rapproche. Quand l'Espagne s'embrase, le syndicat se mobilise comme jamais. Pas un numéro du *Réveil des cochers chauffeurs* sans qu'on en parle. En janvier 1937, la CGT rassemble 5 350 000 francs de l'époque et finance des expéditions de soutien à la jeune République espagnole conduites par les taxis eux-mêmes. Pendant ce temps, le gouvernement du Front populaire hésite, tergiverse. La France ne veut pas voir, elle détourne la tête.

À la Bourse du travail, les camarades s'engagent un à un. C'est d'abord Fédia Lidlé qui abandonne son taxi et part pour l'Espagne, en mai 1937. Il parvient à passer la frontière malgré les barrages. Il intègre les Brigades internationales et se bat aux côtés d'autres camarades venus de toute l'Europe. Il est là où il doit être, lui, le Russe exilé, aux côtés des républicains espagnols, à lutter contre le fascisme, qui ne doit pas passer et qui fera de lui un martyr des taxis parisiens. Fédia Lidlé meurt le 15 juillet 1937 sur le front de Brunete.

Février 1938, son ami, son camarade, celui qui a suivi le même chemin dans le métier et pour la cause, Damien Magnaval, s'engage à son tour. Sergent pendant son service militaire, il possède une instruction militaire et compte bien le faire savoir à Henri Tanguy, qui dirige la 14e brigade, la française, dite aussi « la Marseillaise ». Il est finalement versé au bataillon « Commune de Paris », chargé de passer l'Èbre à la nage pour empêcher la progression des troupes franquistes. Blessé une première fois, en juillet 1938, il refuse les soins et retourne au combat, galvanisé par l'ardeur de ses camarades qui insultent les troupes franquistes par-delà la ligne de front et par le souvenir de ces chauffeurs de taxi qui, restés à Paris, ont déjà fait de lui un héros. Il accomplit son destin et meurt à son tour, le 23 septembre, sur les bords de l'Èbre, les armes à la main.

En novembre 1938, un hommage solennel est organisé par le Syndicat des cochers chauffeurs. Un catafalque est installé au rez-de-chaussée de la Bourse du travail. Au pied d'une immense photographie de Damien Magnaval, la foule défile, des taxis viennent de partout rendre hommage à leur camarade. Une veillée funèbre mais pas d'enterrement : le corps de Damien repose à jamais en terre d'Espagne.

En Corrèze, le village de Gourdon-Murat veut rendre hommage à son héros et martyr. En 1939, une plaque de bronze est apposée, un monument au mort est inauguré, on y voit le visage de Damien Magnaval et l'étoile à trois branches des Brigades internationales.

À Paris, la CGT continue le combat contre le fascisme. La France défaite, les militants syndicaux entrent pour la plupart dans la clandestinité. L'essence commence à manquer, les taxis ne roulent plus. Certains chauffeurs vont jusqu'à ressortir leur vieux coupé cabriolet poussiéreux. Les chevaux battent à nouveau le pavé parisien. Les uns se mettent au vélo, les autres au marché noir. Il faut bien vivre, c'est la devise de l'époque, de l'Occupation.

Bourvil, ancien taxi au chômage, prend en charge chez « Jambier, rue Poliveau » une valise remplie de cochon qu'il doit faire traverser Paris jusqu'à la rue Lepic. On se souvient de l'accordéon qui couvre les cris de l'animal qu'on égorge, de la voix de Gabin qui monte, de sa réplique « Salauds de pauvres ! » qui fera malheureusement florès et de l'atmosphère du film, poisseuse et morbide.

GAUMONT-DISTRIBUTION présente une coproduction FRANCO LONDON FILM - CONTINENTAL PRODUZIONE
JEAN GABIN
BOURVIL
dans un film de
CLAUDE AUTANT-LARA
GRAND PRIX D'INTERPRÉTATION à la BIENNALE de VENISE 1956
d'après JAN MARA
LA TRAVERSÉE DE PARIS
Adaptation et dialogue de JEAN AURENCHE et PIERRE BOST
d'après la nouvelle de MARCEL AYMÉ
(Librairie GALLIMARD)
avec
JEANNETTE BATTI et LOUIS DE FUNÈS
Décors : MAX DOUY - Images : JACQUES NATTEAU - Musique : RENÉ CLOËREC
GAUMONT
F.L.F. FRANCO-LONDON FILM

Un avertissement
Un enseignement

La manifestation corporative du 6 avril a pleinement réussi. Non seulement elle a démontré l'unanimité corporative groupant dans un même mouvement, pour les mêmes revendications, salariés et petits propriétaires, mais elle a démasqué le véritable visage des dirigeants artisans et S.P.F., alliés des patrons contre les intérêts de notre corporation.

Notre manifestation dirigée contre les patrons pour mettre fin au développement artificiel du chômage par la diminution du nombre des taxis, contre une nouvelle augmentation abusive du tarif, pour un rajustement des salaires qu'attendent les conducteurs depuis août 1937, contre les promesses jamais tenues de l'octroi aux taxis d'un dégrèvement sur l'essence, a été âprement combattue par tous les adversaires des chauffeurs salariés et petits propriétaires.

Les dirigeants du Syndicat des Artisans, qui auraient voulu faire partager leurs responsabilités de trahison des intérêts corporatifs à leur assemblée générale, ne purent le réaliser.

Les P. P. artisans, réunis à Magic-City, refusèrent d'entériner une telle décision. Cela ne les empêcha pas, ces singuliers dirigeants, de sortir un tract invitant les P. P. à faire les jaunes le matin du 6 avril. Ce tract, avant même d'être connu par la corporation et les propres adhérents du Syndicat des Artisans, a été communiqué par lettre personnelle à MM. de Valewsky et Rouvier.

Les dirigeants des S. P. F., après avoir préconisé dans leur journal la diminution du nombre des taxis à 10 000, en rejetant au chômage plus de 4 500 conducteurs, prirent certaines dispositions qui exigeaient l'accord et l'appui des patrons. Dans de nombreux garages, les adhérents S. P. F. passèrent la nuit dans les garages afin de pouvoir sortir dès les premières heures du matin. Chez Kermina, par exemple, en plus des deux dizaines de chauffeurs qui suivent Buchaillot, près d'une centaine de « dispos » du colonel, étrangers au garage, occupent toute la nuit et la matinée le garage. Il n'était pas rare de voir également des conducteurs S. P. F. qui ont l'habitude de sortir dans l'après-midi, venir chercher leurs voitures à 6 h. 30 ou 7 heures du matin.

Mais que penser du Gouvernement et du ministre de l'Intérieur Dormoy qui a mis à la disposition des patrons des forces considérables de police ? Comme en 1934, où, à la Préfecture de Police, régnait le fasciste Chiappe : Levallois, Clichy, des quartiers entiers de Paris ont été mis en état de siège. La police a pénétré au garage Chemin-Vert, poursuivant les chauffeurs dans les étages sous les ordres d'un S.P.F. ; au Grand Garage, à Levallois, des piquets d'agents et de gardes mobiles montaient la garde à l'intérieur d'un certain nombre de garages. Les chauffeurs de taxi parisiens qui, depuis l'avènement du Front populaire, avaient fait, malgré les provocations continuelles des patrons et leurs agents, des efforts considérables pour maintenir le calme et la tranquillité dans Paris pour assurer le succès de l'Exposition, ne méritaient pas l'intervention directe des forces gouvernementales à côté des patrons, comme à l'époque du gouvernement Doumergue !

Et cette coalition monstrueuse, allant de M. le comte de Valewsky, passant par Rouvier, Brérat, les S. P. F., bénéficiant de l'appui direct des pouvoirs publics, a été battue par notre corporation. 90 % des voitures ont été immobilisées dans les garages, les chauffeurs, comme par le passé, bénéficièrent de l'appui et de la sympathie du public parisien.

Notre Syndicat sort de cette bataille grandi : les dirigeants artisans et S. P. F. démasqués et diminués.

Une tâche immédiate nous attend. La lutte n'est pas terminée, elle ne fait que commencer. Il faut rassembler autour du syndicat, du contrat de travail, toujours menacé par les manœuvres patronales, autour du Statut du taxi, autour des droits acquis des chauffeurs la totalité de notre corporation. Il faut faire venir avec nous le salarié qui s'est égaré dans les syndicats fascistes, le petit propriétaire qui a été aux artisans.

Il faut, à travers nos élections syndicales, souder encore mieux, dans un seul bloc, nos syndiqués, renforcer notre travail d'organisation et de propagande, aussi bien dans les petits et grands garages.

Il faut être prêts pour de nouvelles luttes qui ne vont pas tarder ; il faut rester unis et vigilants et prêts à l'action.

L. DEPOLLIER.

LES E…
SYND…

Pour la paix, le respect d…

Le 1er Mai 1938,

Une période trouble où des personnages vont et viennent : entre deux mondes, entre deux eaux.

À l'instar de cette actrice d'origine hollandaise qui travaillait pendant l'Occupation au service « Synchronisation » de la Continental, une firme de cinéma allemande, installée sur les Champs-Élysées : *« À la fin d'une journée de juin 1942, par un crépuscule aussi doux que celui d'aujourd'hui, un vélo-taxi s'arrête, en bas, dans le renfoncement du quai Conti, qui sépare la Monnaie de l'Institut. Une jeune fille descend du vélo-taxi. C'est ma mère. Elle vient d'arriver à Paris par le train de Belgique. »* Ainsi apparaît celle que Patrick Modiano cherche dans ses souvenirs, dans toute son œuvre et, en particulier, ici, dans *Livret de famille*.

Bimensuel
MAI 1938
Le Réveil des [...]ers Chauffeurs
Rédaction et Administration : Bourse du Travail, Paris - Tel. Nord 15.64
Le 1er Mai
OUVREZ LA FRONTIÈRE
Pour la Paix du monde, aidons l'Espagne républicaine à vaincre
L. VITEAU.
[...]its acquis, pour l'unité corporative
— LIRE LA SUITE EN 2e PAGE —
[...]as un taxi dehors

Les vélos-taxis sont partout. Ils servent à acheminer les rares livraisons, à conduire les mariés à la noce et parfois à dénoncer le voisin. Les pédaleurs, seuls ou en tandem, se mettent à exploiter la misère des temps. Très attaquée, la corporation prospère et elle crée même sa course : le 13 octobre 1940, autour de la butte Montmartre, une foule de curieux assiste au premier critérium des vélos-taxis de Paris.

En 1942, Boris Vian écrit un scénario intitulé *Notre Faust, le vélo-taxi*. Si le taxi est ici un prétexte, il sert surtout à mettre en lumière ces *« deus ex machina »* de l'Occupation : profiteurs, exploiteurs, maîtres du pavé parisien dont la bicyclette tracte une caisse à savon avec deux personnes dedans, des mollets en béton et les poches pleines.

Chacun tente de profiter des circonstances et la période est aussi propice aux règlements de comptes politiques et syndicaux. Quand la CGT entre en clandestinité, ses archives sont détruites. *Le Réveil des cochers chauffeurs* doit être publié sous le manteau. Heureusement, la mémoire de Damien Magnaval ne disparaît pas.

En 1942, quand les Allemands envahissent la zone libre et entrent à Tulle, le frère de Damien Magnaval, Louis, prend ses précautions. Mieux vaut démonter la plaque. En bronze, elle aurait pu être fondue et servir aux munitions des soldats de la Wehrmacht et, surtout, elle aurait pu mettre en danger la famille, un foyer de « rouges ».

À la Libération, elle retrouve sa place. Le 9 septembre 1945, un immense cortège se forme dans les rues du petit village de Corrèze. Les taxis de Paris sont descendus, les copains du parti et de la CGT, les gars des maquis... Ils sont tous là.

Depuis, pas un ne manque en automne pour honorer la mémoire de Damien Magnaval.

PARTOUT OÙ IL Y A LA GUERRE, IL Y A DES TAXIS

Que serait la liberté de la presse sans les taxis ? Cette question est-elle au moins au programme des écoles de journalistes ? On peut en douter, et pourtant le taxi fait partie intégrante du métier de journaliste. Pour m'en convaincre, je suis allé à la rencontre d'Alain Louyot, prix Albert-Londres 1985, ancien grand reporter pour *Le Point* et *L'Express*. Il a couvert les guerres un peu partout dans le monde.

L'homme me donne rendez-vous dans un café près du Palais-Royal à Paris. Il fait beau. Ulysse, le jeune golden retriever qui joue entre ses jambes, empêche nos voisins de table de déjeuner tranquillement. Les gens râlent. Je m'amuse à l'entendre s'excuser de la fougue de son chien dans toutes les langues possibles.

Il me raconte son métier, son histoire : « Heureusement que, nous les journalistes, nous avons les taxis. » D'abord parce que c'est, dès l'arrivée, le meilleur moyen de prendre en quelques minutes la température d'un pays. Dans la voiture, entre l'aéroport et le centre-ville, on en apprend souvent plus que dans tous les rapports d'experts en géopolitique. Bien sûr, il y a les taxis indics : *« Ceux qui sont payés par le pouvoir pour vous montrer ce qu'ils veulent, ou plutôt ce qu'on leur a dit de vous montrer, de dire ce qu'on leur a dit de dire. De vous surveiller, de vous chaperonner, de vous pister. »*

Mais Alain Louyot se souvient surtout de ceux qui lui ont permis de faire son métier au plus près des combats, au plus près du terrain : *« Ceux qui font littéralement corps avec vous, ceux qui sont prêts à tout pour vous aider et vous faire passer les lignes ennemies. »*

De tous les pays qu'il a couverts, celui auquel il reste le plus attaché est le Liban. Marqué à tout jamais par la rage de vivre, le courage et la résilience dont ont fait preuve les Libanais pendant les vingt années de guerre civile, il connaît le pays par cœur : ses hommes et ses femmes, ses amoureux et ses réfugiés, les factions et les secteurs de la ville où il ne faut pas aller.

Dans *En taxi aux bouts du monde*, un magnifique livre paru en 2017 qui retrace des itinéraires de chauffeurs de taxi du monde entier, Alain Louyot raconte cette histoire incroyable

Un taxi à Beyrouth pendant la guerre du Liban.

des taxis de Beyrouth pendant la guerre civile. « Balistiquement, vous avez eu tort ! » C'est par ces mots que Pierre Gémayel, le vieux chef chrétien, l'accueille en février 1976 dans son QG alors qu'on entend le chuintement des balles des snipers dans l'air. Avec son photographe, ils ont couru en slalomant au milieu des trottoirs éventrés pour arriver à ce rendez-vous. Impossible de trouver un chauffeur ce jour-là.

Pourtant, pour les chauffeurs de taxi, le commerce est florissant pendant la guerre : 100 dollars les 100 mètres. Florissant, mais dangereux. L'espérance de vie est extrêmement limitée pour ceux qui se risquent à traverser les lignes de front qui séparent les différents secteurs de la ville. Les véhicules sont des vieilles Mercedes blanches sur la carrosserie desquelles on voit des dizaines d'éclats de balle, la plupart du temps sans pare-brise ni vitre arrière ni vitre latérale. Des taxis passoires pour passer les *check-points*.

Alain Louyot raconte : *« Le passager n'était pas tenu, avant que le taxi ne démarre en trombe, d'attacher sa ceinture, mais il devait procéder à une sorte de check-list en fonction des* check-points *à franchir. [...] Si l'on disposait de plusieurs laissez-passer, ce qui était le cas des journalistes, mieux valait être sûr de sortir le bon en cas de contrôle au départ et à l'arrivée de ces courses à très haut risque. Il fallait récapituler : laissez-passer phalangiste dans la poche droite de son veston, laissez-passer mourabitoun (milice sunnite) dans la gauche, laissez-passer de la Saïka (Syriens) ou d'Amal (parti chiite) dans la pochette, laissez-passer de l'OLP (palestinien) dans la poche arrière... »*

Mais, le pire, c'étaient les paris sur la mort que se lançaient les snipers entre eux et notamment celui du klaxon. Ce jeu morbide consistait pour le tireur situé en surplomb, à la fenêtre d'un immeuble par exemple, à viser le chauffeur de taxi dans le dos pour que celui-ci s'effondre, mort, sur son klaxon. Plus le bruit du klaxon s'éternisait, plus le sniper gagnait d'argent et plus le taxi filait à toute vitesse, véhicule livré à lui-même, pour s'écraser le plus souvent contre un mur, dans un dernier fracas de tôle.

Lors de notre rencontre, quand je demande à Alain Louyot s'il a d'autres exemples de l'utilisation des taxis pendant la guerre, lui qui a connu tous les conflits du Proche-Orient, un souvenir lui revient. Pendant la révolution iranienne, il est à Téhéran. En janvier 1979, partout dans les rues, la foule crie : « À mort le shah ! Vive Khomeyni ! » et, malgré la loi martiale, les manifestants n'ont plus peur d'affronter le pouvoir. Ils ramassent tout ce qu'ils trouvent sur leur chemin pour s'armer : armes automatiques, poignards, coupe-papier et s'entassent dans des taxis, direction le palais de Niavaran, pour se faire justice. Ce jour-là, Téhéran se transforme en un gigantesque embouteillage de taxis vengeurs qui lèvent le poing contre leur ancien tyran et l'obligent à quitter le pays pour ne plus jamais y revenir.

Quelques années plus tard, au début des années 1980, il couvre la guerre Iran-Irak, un des conflits les plus meurtriers de l'époque contemporaine. Comme l'aéroport de Bagdad est alors fermé, il faut passer par Amman, en Jordanie, pour rejoindre la capitale irakienne. Il se souvient : *« Sur la route, on se relayait avec le chauffeur de taxi pour conduire. Il n'y avait qu'eux qui acceptaient de faire le trajet et encore, de nuit, avec les phares maculés de boue pour que les avions iraniens ne puissent pas nous voir et nous bombarder. »*

Emprunter la route jusqu'à Bagdad est un risque qu'il faut prendre quand on est journaliste, même si on sait que tout peut arriver, à tout moment. Le carburant manque et les postes d'essence sont pris d'assaut par les taxis qui font la queue pour s'approvisionner. Là stationnent des dizaines de taxis qui portent un cercueil sur le toit. C'est la route que prennent les familles pour aller rechercher le corps d'un disparu. Le chassé-croisé des blindés et des convois de soldats qui partent au front et, de l'autre côté, des parents et des enfants qui ramènent leurs morts en cercueil, donne à voir l'atrocité de cette guerre qui fera au total près de 1 million de morts.

« Les uns allaient au combat. Les autres en revenaient avec un cercueil accroché sur le toit. Moi qui suis lorrain d'origine, je n'ai pas pu m'empêcher de penser à la Voie sacrée pendant la guerre de 14, cette route qu'on utilisait pour l'approvisionnement des troupes qui étaient en première ligne et que les villageois empruntaient pour fuir. »

Alain Louyot aime toujours autant les taxis, toujours autant les histoires de taxis. Il serait touché sans doute d'entendre celles de Mohamed Abidri ou de Zaher Zenjli.

Mohamed Abidri.

Lors des attentats du 13 novembre 2015, les chauffeurs de taxi parisiens étaient les seuls, avec les véhicules de secours et de police, à tourner dans Paris après la tuerie du Bataclan. Ceux qui ont roulé ce soir-là se souviennent : la ville était déserte. Mohamed Abidri faisait partie de ces naufragés du 13 novembre qui ont tourné toute la nuit, hagards au volant de leur taxi et à l'écoute de la radio, soit parce qu'ils ne pouvaient pas rentrer chez eux, soit parce qu'ils savaient que leur place était dans la rue à ramener chez eux ceux qui restaient.

Quand nous nous rencontrons, je lui demande de me décrire cette nuit hors du temps :

« Les gens sortaient d'un spectacle ou d'un dîner sans savoir ce qui s'était passé. Ils ne comprenaient pas : les sirènes, le silence, le vide partout dans Paris. Il fallait acheminer les blessés, rapatrier les supporters du Stade de France qui ne pouvaient trouver place dans le RER bondé, prendre en charge les clients perdus… »

Le terrorisme, qui a frappé nos villes sans distinction de nationalité, de religion ou de couleur de peau a ranimé la petite flamme de la solidarité chez les taxis. À Barcelone, comme à Paris, les taxis ont organisé un service gratuit lors de l'attaque terroriste sur les Ramblas, le 19 août 2017. Comme à Paris, spontanément, les voitures se sont présentées au plus près des lieux de l'attaque pour acheminer les blessés, sous les applaudissements des badauds.

Zaher Zenjli, 30 ans, chauffeur de taxi barcelonais d'origine marocaine, est devenu un symbole de cet élan de solidarité. Son témoignage relaté par la presse espagnole a éclairé cette journée de deuil d'une autre lumière.

Ce jeudi après-midi, il venait de déposer des clients à 300 mètres de la célèbre artère barcelonaise lorsqu'il a été stoppé par des touristes, visiblement nerveux, qui lui ont proposé de le payer le double de la course pour qu'il les prenne au plus vite. C'est là qu'il a compris que quelque chose de grave venait de se passer.

Quand il a entendu la nouvelle de l'attentat à la radio, il a décidé spontanément d'accrocher une pancarte *Free service* (« service gratuit ») sur ton taxi et passé l'après-midi à aider gratuitement des gens à fuir l'attaque à bord de sa voiture.

En ramenant une vieille dame chez elle, il a prononcé cette phrase :

« Je ne vais pas vous faire payer, mais je vous demande, si jamais vous entendez quelqu'un parler de nous, les musulmans, comme cela, de dire que nous ne sommes pas tous pareils. »

KARISHMA
Classic
GOOD LUCK

3. UNITED COLORS OF TAXIS

De toutes les couleurs, c'est assurément celle qui a la plus mauvaise réputation. Michel Pastoureau, le grand historien des couleurs, le rappelle dans son *Dictionnaire des couleurs de notre temps* : *« Le jaune porte tous les attributs de l'infamie. »* Couleur des traîtres, des cocus, des proscrits, le jaune n'est pas bien vu, même s'il se voit de loin.
Heureusement, les couleurs ne sont pas immuables et le jaune reprend de l'éclat. Toujours selon notre historien : *« Si des changements doivent s'opérer dans nos habitudes des couleurs, ce sera dans les nuances de jaune. Étant tombée très bas, et ayant commencé à remonter doucement, cette couleur-là ne peut que se redresser. Le jaune a un bel avenir devant lui. »*
On voudrait croire que les taxis n'y seront pas pour rien. Et, pourtant, le taxi n'est pas seulement jaune. Il est noir à Londres, blanc à bande rouge à Madrid, blanc crème à Lisbonne, beige à Berlin, vert à Mexico, noir à toit jaune à Bombay et de toutes les couleurs à… Paris.

LE JAUNE EST UNE COULEUR

Un taxi jaune s'avance. C'est le plus connu, le taxi iconique par excellence, celui que chacun connaît même s'il n'est jamais allé à New York. Pourtant, le jaune n'est pas né à New York mais à Chicago.

C'est John Hertz, le fondateur de la Yellow Cab Company et de l'entreprise de voitures de location qui porte encore son nom, qui a été le premier, en 1915, à peindre ses taxis en jaune. Le prétexte en était la visibilité. Selon une étude de l'époque de l'université de Chicago, le jaune est la couleur la plus facile à repérer de loin. On a eu beau chercher, cette étude n'a jamais été retrouvée.

C'est seulement en 1967 que la ville de New York a adopté une loi stipulant que tous les taxis devaient être de couleur jaune. Un jaune d'œuf un peu orangé, qui a donné des couleurs à la ville et qui fait qu'on reconnaît New York quelle que soit la rue. Grâce à ses taxis, le jaune est même devenu la couleur de New York.

Ironie de l'histoire : la première compagnie de taxis créée à New York, en 1897, exploitait des taxis... électriques ! Aujourd'hui, l'Electric Carriage and Wagon Company ferait peut-être fortune. À l'époque, en 1907, elle fit faillite et laissa sa place à des taxis à essence importés de France et équipés d'un taximètre.

Nathaniel Allen, un entrepreneur new-yorkais furieux d'avoir payé une somme astronomique en calèche, décida de faire confiance à la marque française Darracq, qui jouissait déjà d'une certaine renommée outre-Atlantique après la victoire de deux de ses voitures lors de la Coupe Vanderbilt en 1905 et 1906.

65 taxis, de couleur rouge et vert, fabriqués à Suresnes, dans les Hauts-de-Seine, embarquèrent donc pour New York en 1907 et constituèrent la première flotte de taxis à essence. Des taxis *made in France*...

Les années de la Prohibition furent celles de l'anarchie, y compris pour les taxis. À l'époque, ses 30 000 chauffeurs roulaient vite et mal, trafiquaient avec les bars et les maisons closes, rançonnaient le client, se battaient, se tuaient entre eux et parfois... se mettaient en grève.

En 1934, un énième mouvement tourna à l'émeute urbaine, paralysa totalement la ville et fit plusieurs dizaines de blessés.

C'est alors que le maire de New York, Fiorello LaGuardia, décida de créer une licence de taxi et de limiter son nombre à 17 000. En 1937, le précieux sésame, la licence, qu'on appelle aussi *medaillon* en américain, coûtait 10 dollars.

Une simple plaque de métal, délivrée depuis 1971 par la New York City Taxi and Limousine Commission, qu'on visse sur le capot de la voiture et qui atteste la légalité du taxi. Elle coûte aujourd'hui un peu plus cher : en moyenne, 1 million de dollars ! À ce prix-là, l'aluminium qui la compose est un métal précieux.

600 000 New-Yorkais montent chaque jour dans un taxi, parfois pour quelques mètres seulement. Le taxi, c'est le mode de déplacement le plus facile. Sans le savoir, c'est cette plaque que Benoît Cohen vient chercher à New York. Notre homme est réalisateur, scénariste, producteur de cinéma et parisien de toujours. Mais il a décidé un jour de partir avec femme et enfants pour s'installer dans la Grande Pomme. Quand je lui demande pourquoi, il explique : « À Paris, on connaissait beaucoup de monde. Trop de monde. Il fallait changer d'air. À New York, personne. » Quand il arrive, des images tournent déjà dans sa tête : celles de sa propre cinémathèque et celles du film qu'il rêve de réaliser ici, à New York.

Et si le meilleur moyen de connaître cette ville avant de la filmer, ce n'était pas de s'en imprégner et de devenir quelqu'un d'autre : un chauffeur de taxi ? Dans *Yellow Cab*, le récit qu'il a publié en 2017 et qui s'apparente à une quête initiatique, il raconte ses premiers pas dans le monde des taxis jaunes.

Bien sûr, quand on est cinéaste comme lui et qu'on pense « taxi new-yorkais », on revoit les images d'Audrey Hepburn dans *Breakfast at Tiffany's*, de Brando dans *On the Waterfront* ou de De Niro dans *Taxi Driver*.

Mais devenir chauffeur de taxi, pour Benoît Cohen, c'est d'abord voir l'envers du décor de cette ville qui est supposée ne jamais dormir et commencer, au bas de l'échelle, une plongée dans la réalité sociale de New York. Car, contrairement à Paris, devenir chauffeur de taxi à New York est à la portée de tous, même de celui qui n'a pas de diplôme, de celui qui ne parle pas bien anglais (le test de langue n'est plus obligatoire), ou de celui qui arrive sans rien en poche.

À Paris, il faut compter 2 000 euros en moyenne pour devenir taxi, connaître le nom de centaines de rues, l'emplacement des monuments publics, les sens interdits et la réglementation par cœur. Il faut également avoir des notions de gestion et d'anglais. À New York, il suffit d'un peu de temps et de 500 dollars tout au plus.

Benoît Cohen.

Benoît Cohen, un des rares taxis new-yorkais d'origine française, raconte qui sont les chauffeurs de *yellow cabs* d'aujourd'hui :

« 80 % des chauffeurs sont musulmans. C'est un métier considéré comme halal, contrairement aux barmans qui servent de l'alcool ou aux épiciers qui vendent des cigarettes, des billets de loterie ou des sucreries à base de gélatine de porc. »

Rien à voir avec les années 1980, pendant lesquelles c'étaient encore les artistes désargentés qui devenaient taxis : le New York underground, celui des écrivains, des peintres, des musiciens…

La ville a bien changé et, même si elle est devenue plus sûre, un chauffeur a encore 30 fois plus de risques d'être tué et 70 fois plus de probabilités de se faire braquer que n'importe quelle autre profession.

C'est ce qu'on lui enseigne dans l'école de conduite. Les cinq règles de base à New York :

1. Visez haut.
2. Ayez une vision panoramique.
3. Gardez les yeux en mouvement.
4. Ayez toujours une situation de repli.
5. Faites en sorte qu'on vous voie, tout le temps.

Le quotidien d'un chauffeur de taxi new-yorkais comprend un passage obligé. Chaque matin, il doit aller chercher sa voiture au dépôt. Pas question de rentrer chez soi avec le véhicule le soir après le boulot. Les taxis à New York sont tous partagés et, du coup, ils roulent sans cesse. C'est aussi pour cette raison que la licence est si chère. Elle permet de faire vivre plusieurs chauffeurs, donc plusieurs familles.

L'homme clé du système, c'est le dispatcheur. Parfois il ne dit rien et se contente de lancer les clés du véhicule et parfois il a envie de bavarder. Benoît Cohen devient son confident : « Le dispatcheur me dit que, depuis l'arrivée d'Uber, c'est beaucoup plus dur. Les *yellow cabs* ont perdu en moyenne 40 % de leur business. Avant, quand vous arriviez au garage, il y avait plus de chauffeurs que de voitures. Il fallait lui glisser 20 dollars pour espérer un véhicule et le remercier en plus. Aujourd'hui, on leur offre du café et des donuts », conclut-il en pointant du doigt la table sur laquelle sont installés une cafetière et un panier de pâtisseries.

À chaque nouveau client, le chauffeur-cinéaste note ce qu'il entend, ce qu'il voit. Les scènes, les dialogues, les personnages s'accumulent et les courses de taxi, même si elles ne suffisent pas toujours à couvrir le prix de la location du véhicule, les frais de carburant et les amendes, commencent à servir de repérage.

En roulant dans New York, il a le sentiment de déplacer les frontières, de repousser les limites, de retrouver sa liberté et, en croyant préparer un film, son expérience de taxi lui offre l'occasion d'écrire un livre, ce qu'il n'avait jamais fait. Depuis, il garde précieusement sa licence de taxi dans son portefeuille, on ne sait jamais...

NOIR, C'EST NOIR

La rencontre est inattendue. Qui pourrait croire qu'un spécialiste du luxe s'intéresse aux taxis ? Et pourtant... Éric Chesnais est un collectionneur, passionné des choses du taxi. Je suis tombé un peu par hasard sur lui quand un ami, connaissant mon obsession pour les taxis, m'a offert son livre de photographies intitulé *Help Taxi !*, publié en 2012.

Quand je le rencontre et que je lui demande quelle est sa profession, il me répond qu'il est « un œil », l'œil de Louis Vuitton. En tant que *visual merchandiser* du groupe, sa mission consiste à sillonner le monde pour vérifier que chacune des boutiques respecte bien l'identité visuelle de la marque.

Il n'a pas son pareil pour détecter une faute de goût qui, dans son cas, peut devenir une faute professionnelle. D'ailleurs, l'homme est élégant et prévenant : élégant sans être précieux, prévenant sans être obséquieux. Il m'écoute patiemment, visiblement intéressé d'apprendre que, moi aussi, je veux faire un livre sur les taxis.

Il a accompli à ce jour des centaines de fois le tour du monde. Il sait dans quelle rue se trouve chaque boutique de la marque et, dans chaque aéroport international, il est un peu comme chez lui.

Alors oui, bien sûr, les taxis font partie de la vie d'Éric Chesnais. Pas un jour sans qu'il en prenne un, aux quatre coins du globe. On ne s'attendrait pas forcément à ce que ce globe-trotter du luxe prête attention à ces véhicules du quotidien aux couleurs souvent criardes, à la décoration disons… aléatoire.

Pourtant, c'est en revenant d'un voyage à Beyrouth qu'il a décidé d'entamer une collection d'objets se rattachant au taxi. Ce qui lui plaît, c'est que « le taxi est universel et en même temps très différent d'un pays à l'autre. Pas un pays sans taxi, pas un taxi pareil ». De chaque voyage, il rapporte des véhicules miniatures, des sapins désodorisants, des cartes de visite, des notes de taxi.

Et il photographie à tout-va les véhicules et leurs « chapeaux ». Dans sa photothèque, il en a de toutes les couleurs, de toutes les formes, de tous les alphabets.

Le « chapeau », comme il l'appelle, c'est ce qu'Éric Chesnais préfère photographier. C'est ce qui « habille » le taxi, selon lui. C'est ce qui éclaire la nuit aussi. En argot des taxis, il porte bien d'autres noms : le « voyant », le « lumineux » et sa déclinaison canadienne le « lumignon », le « bidule », le « globe », la « lanterne » ou encore le « sapin »… À Bruxelles, sa forme allongée sur le toit du taxi lui donne l'air d'une soucoupe spatiale et on l'appelle le « spoutnik ». À Londres, sa couleur orange se détache avec élégance dans le *fog* et sur la carrosserie noire du véhicule. Éric Chesnais en est fan :

« De tous les taxis du monde, les plus baroques sont en Asie. On y trouve de tout. En revanche, les plus élégants sont sans conteste les taxis londoniens. »

LOOK LEFT

Il faut dire que les taxis londoniens sont, c'est vrai, uniques en leur genre et ils sont devenus avec le temps des icônes de la capitale britannique, au même titre que les bus rouges, le magasin Harrods ou le gazon de Wimbledon.

Certains ont bien cherché à les exporter au Caire, à Singapour, à Ottawa ou à Bakou, mais, en vérité, il n'y a qu'à Londres, cette ville tout à la fois excentrique et aristocratique, qu'ils ont réellement leur place.

Dans n'importe quelle ville française, le *black cab* passerait inévitablement pour un monstrueux corbillard. À Londres, il est parfaitement adapté et recèle des trésors d'ingéniosité et d'élégance *old fashion*. Malgré son allure de gros scarabée noir, son rayon de braquage extrêmement court lui permet de faire demi-tour sur 9,92 mètres et de se faufiler dans les petites rues de Londres.

Depuis toujours, un compartiment est réservé au chauffeur, un autre au client, un troisième aux bagages. On ne se mélange pas dans un *black cab* et une vitre de séparation empêche le chauffeur d'importuner le client ou l'inverse...

La partie passager, elle, ressemble plus à un salon qu'à un taxi. Le plafond, très haut, se trouve à 1,83 mètre du plancher et a été conçu pour pouvoir accueillir, sans qu'il se baisse, un client à haut-de-forme, ce qui, on en conviendra, est de plus en plus rare, mais pas impossible à Londres.

Une fois assis, il est appréciable de constater qu'on peut étendre ses jambes et entamer une conversation avec son vis-à-vis en le regardant dans les yeux. C'est ce qu'Éric Chesnais aime par-dessus tout dans les taxis londoniens : cette impression d'être comme chez soi.

Le modèle actuel, conçu initialement par Austin sous le nom de FX 3, n'a guère changé depuis 1948. Aucune évolution sur l'intérieur et aucune obligation (contrairement à ce qu'on croit) sur la couleur. C'est la raison pour laquelle de nombreux *black cabs* se sont transformés en panneaux publicitaires aux couleurs *flashy* ou *girly*...

Sa fiabilité est légendaire et il n'est pas rare de trouver des taxis londoniens qui ont dépassé le million de kilomètres parcourus...

Les chauffeurs, eux aussi, répondent à des critères de sélection particuliers. Soumis à une formation qui peut durer jusqu'à deux années, ils apprennent par cœur des enchaînements pour aller de la façon la plus rapide d'un point à un autre de la capitale britannique.

Sans contact avec les clients, souvent ils s'ennuient. C'est la raison pour laquelle ils ont l'habitude de se retrouver dans des cabanes en bois dispersées aux quatre coins de Londres. Ces refuges, les *shelters*, servent aussi bien de cantines que de salons de thé.

Aujourd'hui en voie de disparition, les derniers perpétuent les traditions d'une corporation, une des plus anciennes du royaume, qui remonte aux fiacres et qui fait des chauffeurs de *black cabs* les membres d'un club des plus sélects, *so British*.

Évidemment, le temps a passé sur ce monument historique du taxi et la société anglaise chargée de produire les fameux *black cabs* depuis 1983, London Taxis International, placée en redressement judiciaire en 2012, a été rachetée par le fonds d'investissement chinois Geely. Désormais, les taxis londoniens sont assemblés à Shanghai, à raison de 30 000 par an, avec pour objectif de saturer le marché chinois. La mondialisation a fait son œuvre : le célèbre *black cab* est devenu un produit *made in China* parmi d'autres...

À BORD DES TAXIS DU MONDE

Il est des pays où l'intérieur du taxi compte autant, sinon plus, que l'extérieur. Qu'importe le jaune, le noir, le plus important, c'est ce qu'il y a dedans. Dans un taxi, chaque chauffeur a ses habitudes, ses gris-gris, ses porte-bonheur. Il les accroche en général au rétroviseur. Un crucifix, un chapelet, une main de Fatma, un sapin en carton. Tout est bon pour lutter contre le mauvais sort, contre les mauvais conducteurs, contre les mauvaises odeurs aussi...

Et puis certains customisent carrément leur taxi, le transforment à leur guise comme un petit salon, un intérieur à leur image. Dans *Femmes au bord de la crise de nerfs*, Pedró Almodóvar filme Carmen Maura à trois reprises à bord d'un « mambo taxi » qui deviendra le symbole du Madrid des années 1980, capitale en ébullition d'un pays qui découvre en même temps toutes les libertés.

Dans ce taxi où les sièges sont recouverts de fourrure léopard, où on peut louer toutes les revues people dont les Madrilènes raffolent et où on peut même acheter des préservatifs, le jeune chauffeur aux cheveux peroxydés n'est pas sectaire. Il a toutes sortes de musiques : heavy metal, rock, soul, *cumbia* (la danse colombienne), *sevillana* (du flamenco de variété), salsa, techno pop, *jota* (une sorte de fandango espagnol).

Mais, comme il le dit lui-même, ce qui va le mieux à la décoration, c'est le mambo.

Autre ambiance au pays du Soleil-Levant... Les taxis japonais sont sans doute les plus luxueux du monde : gants blancs, casquette pour le chauffeur et silence religieux. Rien ne doit troubler la quiétude du passager dans les embouteillages de Tokyo.

Rien... à part peut-être la musique classique. C'est dans un taxi et sur l'air de la *Sinfonietta*, de Janáček, que s'ouvre *1Q84*, la fresque de Haruki Murakami, le grand auteur japonais. Un air de fanfare composé en 1926 à l'autre bout du monde pour donner le ton de ce roman d'amour qui est aussi un thriller d'anticipation et une satire politique de la société japonaise des années 1980. Une jeune femme, Aomamé, a pris un taxi dans Tokyo pour se rendre à un rendez-vous important, mais elle se retrouve bloquée dans un embouteillage sur une autoroute suspendue. Elle n'a pas de temps à perdre : elle est partie pour tuer un homme dans sa chambre d'hôtel.

Pour aller plus vite, le chauffeur lui suggère de descendre du taxi et de prendre une sortie de secours qui pourra la ramener au niveau de la rue. De là, elle rejoindra la gare la plus proche et prendra un train de banlieue pour être à l'heure à son rendez-vous... Les Japonais détestent par-dessus tout être en retard. Mais le chauffeur n'est pas seulement mélomane, il est aussi un peu philosophe. Au moment où elle décide d'utiliser cette échappatoire, il la prévient : « Souvenez-vous, les choses ne sont pas ce à quoi elles ressemblent... »

Le roman est lancé, pas sur les chapeaux de roues, c'est le moins qu'on puisse dire... mais au rythme du trafic routier de Tokyo, la ville la plus lente du monde pour les taxis.

Et si, au Japon, la course en taxi relevait de l'expérience métaphysique, de l'épiphanie mystique plutôt que du transport de personnes ? Il n'est pas absurde de le penser. Peut-être est-ce dû à l'élégance du chauffeur qui rappelle celle des anges ou des passeurs de la mythologie antique… ou bien au silence, ou encore à la lenteur du trafic…

Amélie Nothomb connaît bien le Japon et les taxis tokyoïtes. Son père était ambassadeur de Belgique au pays du Soleil-Levant et elle y a vécu jusqu'à l'âge de 5 ans. Elle y est revenue quand elle avait 20 ans « avec le sentiment du commencement pur » pour vivre une histoire d'amour avec Rinri, le « garçon le plus délicieux et gentil du monde ».

Dans *La Nostalgie heureuse*, paru en 2013, elle raconte son voyage de retour seize ans après et ses retrouvailles avec Rinri mais aussi Nishio-san, sa nourrice quand elle était bébé.

Accompagnée d'une équipe de télévision, après avoir longtemps hésité, elle prend un vol Paris-Osaka pour revenir sur les lieux de son enfance, de ses amours, de sa jeunesse. Arrivée à destination, au « pays de la fiabilité », comme elle dit, elle honore tous ses rendez-vous, prend toutes les poses devant la caméra, accepte toutes les sollicitations avec une obsession : ne pas être en retard.

Problème, les taxis n'avancent pas et tout devient illusion, même le mouvement rendu presque imperceptible par la circulation à Tokyo.

« 14 h 45. Je voudrais être n'importe qui sauf moi. Ce chauffeur de taxi tokyoïte, par exemple. Ce doit être rassurant de porter des gants blancs dans sa voiture et d'être à ce point imperturbable. Sur la banquette arrière, il transporte une Occidentale aux yeux écarquillés qui ressemble à un volatile hypertendu et cela ne l'affecte pas le moins du monde. »

Amélie se perd dans ses pensées et s'égare à la recherche d'elle-même. En faisant du surplace, ce voyage en taxi lui donne la preuve de son inexistence. En vérité, dans ce taxi, il n'y a que le chauffeur et… le temps qui passe.

Heureusement que tous les taxis du monde ne sont pas aussi inquiétants (et aussi lents) que ceux de la capitale japonaise racontés par Amélie Nothomb.

À Cuba, ils feraient presque rire… Avec leurs trois roues et leur couleur jaune poussin, les coco-taxis ressemblent à des sortes de gros œufs à roulettes qui foncent à toute vitesse sur le Malecón, le boulevard qui longe la mer à La Havane. On les voit faire la course, dans un bruit de Mobylette survitaminée, avec les vieilles voitures américaines roses, bleues, vertes qui servent aussi de taxis pour les touristes.

Criards, drôles et ouverts (donc plus agréables à la saison des fortes chaleurs), les coco-taxis sont devenus un des symboles de la capitale cubaine. Leur nom ne doit rien au régime politique en vigueur sur l'île mais plutôt à leur forme, qui rappelle le fruit du cocotier.

Les coco-taxis sont apparus à La Havane à la fin des années 1990, à l'époque de ce qu'on appelle la « période spéciale », une décennie de privations et de difficultés économiques consécutive à la disparition de l'URSS. Alors, les Cubains ont fait marcher le système D. Conçus comme une alternative à la voiture, ces scooters à trois roues ont commencé à se faufiler partout dans les rues de la vieille Havane.

C'est en quelque sorte comme si les Cubains avaient importé chez eux les fameux tuk-tuks, si populaires en Asie du Sud-Est. Là-bas, en Thaïlande, au Laos, au Cambodge ou au Vietnam, le taxi est bien souvent un tricycle composé d'un avant de scooter et d'une carriole à l'arrière destinée à accueillir les passagers. Ce véhicule, hybride dans sa conception mais pas dans sa motorisation, pétarade dans les rues de Bangkok à vive allure et à des tarifs souvent aléatoires... Pas de compteur dans ce cas, on négocie le prix avant le début de la course ou après, si on n'a pas peur.

Dans cette région du monde, les tuk-tuks n'ont fait que prendre la suite des pousse-pousse ou des rickshaws du temps de la colonisation, ceux que nous avons découverts dans nos premiers *Tintin*.

En Inde, la présence britannique avait préparé les esprits au sens de l'organisation et à l'uniformisation. Après la décolonisation, la mise en place d'une économie planifiée et socialiste fit le reste en créant très vite un modèle de taxis spécifique à chaque ville. À Bombay, la capitale économique du pays, le choix se porta sur une marque italienne, Fiat, avec ses célèbres Padmini reconnaissables à leur toit jaune.

Voitures compactes à la décoration intérieure souvent excentrique, ils étaient autrefois visibles à tous les coins de rue et dans d'innombrables films de Bollywood. À leur apogée, au milieu des années 1990, 65 000 taxis noir et jaune sillonnaient nuit et jour les routes de Bombay.

Les premières Padmini, version indienne de la Fiat 1100 Delight, ont vu le jour sur les chaînes de production du groupe Premier Automobiles, à Bombay, en 1964, grâce à un accord de licence avec le constructeur automobile italien. Mais leur nom vient de loin : le souvenir d'une mythique reine hindoue qui aurait vécu aux XIIIe et XIVe siècles.

Guère réputées pour leur vitesse ou leur confort, les Padmini se distinguaient par leur plafond bas, leur grand levier de vitesses placé derrière le volant et leurs poignées chromées qu'il fallait lever puis pousser pour ouvrir une portière.

Elles étaient également célèbres pour leurs freins défaillants, pour leurs tableaux de bord qui gelaient, pour leurs portes qui ne fermaient pas et pour une certaine tendance à laisser l'eau entrer dans la voiture pendant la mousson. Bref, un bonheur de voiture.

Enfin, *last but not least*, elles étaient extrêmement polluantes. C'est ce qui signa, en plus du reste, leur arrêt de mort. La libéralisation de l'économie indienne ouvrant la voie à l'arrivée de nouvelles voitures, on en rechercha de plus spacieuses, fiables, confortables et économes en carburant.

La flotte de Padmini déclina alors avec régularité et leur production s'arrêta définitivement en 2000. Le coup de grâce vint finalement en 2013, lorsque, au nom de la lutte contre la pollution, le gouvernement décida de bannir des rues surchargées toute voiture vieille de plus de vingt ans. C'en était fini des toits jaunes de Bombay.

En Afrique, le taxi se fait collectif. Au Maghreb, on appelle ça les « louages » ou les « grands taxis ». On peut y monter à plusieurs et descendre quand on veut.

À Casablanca, les « petits taxis », ceux qui sont réservés pour les trajets les plus courts et qui n'ont pas le droit de sortir de la ville même pour aller à l'aéroport, prennent aussi à la volée le premier qui tend la main. Pas de compteur, le chauffeur fait son prix en fonction de la distance et, un peu aussi, il faut bien le reconnaître, de la tête du client.

Au Sénégal, comme dans toute l'Afrique subsaharienne, le taxi-brousse peut transporter une quantité incroyable de personnes au point de devenir, le temps d'un trajet, une microsociété.

C'est ce que raconte *Un transport en commun*, le très beau film de la réalisatrice française Dyana Gaye sorti en 2010, un road-movie africain inspiré par Jacques Demy. Les six passagers et le chauffeur, entassés comme ils peuvent dans une Peugeot 405 break, vont faire le chemin entre Dakar et Saint-Louis en chantant. Autant de refrains que de passagers, autant de styles musicaux et de vies partagées qui transforment le taxi en studio d'enregistrement et le voyage en fenêtre sur le monde.

طاكسي كبي
RAND TAXI
ALSA

A PAYER

4. LE TAXI EST UN MIROIR DU MONDE

Partout dans le monde, le taxi est le rêve d'une vie moins dure, d'une réussite sociale à venir, de lendemains qui chantent. Rares sont les chauffeurs qui veulent faire taxi toute la vie. Le métier est dur et être taxi, c'est souvent, faute de mieux, un moyen d'attendre des papiers, de mettre un peu d'argent de côté, de quoi acheter un petit chez-soi.

Depuis la nuit des temps, le taxi a toujours été le véhicule de l'espoir et c'est pour ça que le métier accueille dans tous les pays du monde les nouveaux arrivants, les immigrés et les déclassés. C'est aussi un miroir, un observatoire, le reflet de notre société. De la fenêtre du taxi, on voit défiler la ville et on voudrait changer le pays. Derrière son volant, on attend le client, on espère une vie meilleure ou on rêve de retourner au pays.

LA NUIT DES PRINCES

J'avoue qu'avant de m'intéresser à l'histoire des taxis en France, je ne connaissais pas grand-chose à l'histoire des Russes en France. Une fois de plus, il a fallu les taxis pour que je parte à la rencontre de ces « anti-moi », ces personnages à la vie si différente de la mienne, et que j'entre en les suivant dans la « nuit des princes ».

J'emprunte l'expression à un livre écrit par l'un des leurs, Joseph Kessel, paru en 1927. Il retrace le parcours de quelques-uns de ces Russes exilés qui se sont retrouvés sans rien, en arrivant à Paris : anciens musiciens ayant joué devant le tsar devenus chanteurs de rue ou de cabaret, anciens sénateurs devenus cuisiniers, anciennes courtisanes devenues brodeuses à Paris.

Archives Andrei Korliakov, photographies prêtées gracieusement, tirées de son livre *L'Émigration russe en photos, 1917-1947*, éditions YMCA-PRESS, Paris 2005.

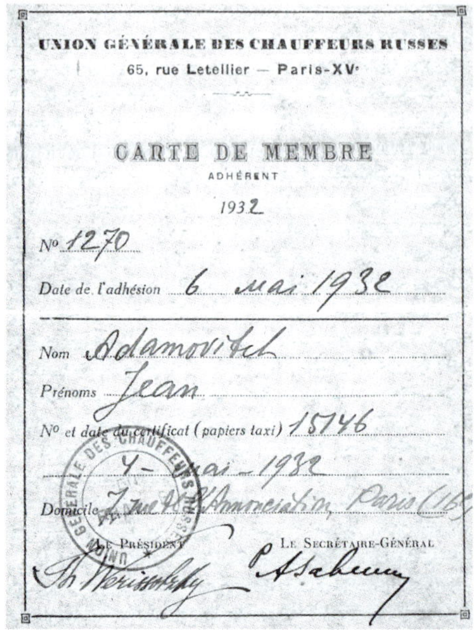
UNION GÉNÉRALE DES CHAUFFEURS RUSSES
65, rue Letellier — Paris-XV

CARTE DE MEMBRE
ADHÉRENT
1932

N° 1270

Date de l'adhésion 6 mai 1932

Nom Adamovitch

Prénoms Jean

N° et date du certificat (papiers taxi) 15146
4 - mai - 1932

Domicile

Le Président — Le Secrétaire-Général

En cherchant la trace des chauffeurs de taxi russes qui ont marqué en profondeur l'histoire de la profession pendant l'entre-deux-guerres, j'ai découvert la littérature de leur exil et j'ai rencontré les historiens de leur mémoire, fidèles dépositaires de leur légende.

Souvent recrutés par des émissaires français, des « chasseurs de têtes » chargés d'écumer l'Europe de l'Est pour trouver les ingénieurs, les dessinateurs industriels, les cadres dont l'industrie française avait besoin, les Russes blancs commencèrent le plus souvent à travailler dans les usines automobiles de la région parisienne. Ils furent ainsi 30 000 à embaucher chez Renault, 20 000 chez Citroën dans les années 1920.

Pour beaucoup issus de la haute bourgeoisie ou de la noblesse russe, diplômés dans leur pays, ils ne pouvaient accepter les cadences infernales de l'industrie automobile, où il fallait travailler dix heures ou douze heures par jour sans interruption.

Les photos de l'époque témoignent de la réalité de leur travail aux premiers temps du taylorisme.

Celui qui me les fait découvrir s'appelle Andreï Korliakov, le meilleur iconographe de l'émigration russe, auteur de livres monumentaux qui font référence. Il m'accueille chez lui, dans son appartement de La Motte-Picquet, à Paris, où il accumule depuis des années les documents, les images, les visages des femmes et des hommes qui ont fui devant l'histoire.

Son bureau ressemble à un musée et la mémoire de ses ordinateurs ne suffit plus à rendre compte de ses vies : celles des 2 millions de Russes qui, chassés de leur pays, ont dû fuir, pour faire fortune ailleurs ou pour attendre des jours meilleurs.

Quand je lui demande de me résumer la vie des ouvriers russes des usines Renault, Andreï Korliakov a cette phrase : *« Ils avaient deux vies. Une vie à travailler toute la journée pour gagner de l'argent. Une autre le soir pour ne pas devenir fou et se suicider. »*

RÉPUBLIQUE FRANÇAISE Modè

DE CONDUIRE LES AUTOMOBILE

es inscrites au verso, le présent permis **n'est pas valable**
cules ci-après : 1° Voitures affectées à des transports en c
en charge plus de 3,000 kilogr.; 3° Motocycles à deux roues.)

(1) Nom et prénoms.

TITULAIRE : M (1) Troubetzkoï
Alexandre
demeurant à Lille
23, Rue du faubg de
né le 24-2-1892 à Jaroslavl
Délivré par le Préfet d
Le 31 OCT 1923 19

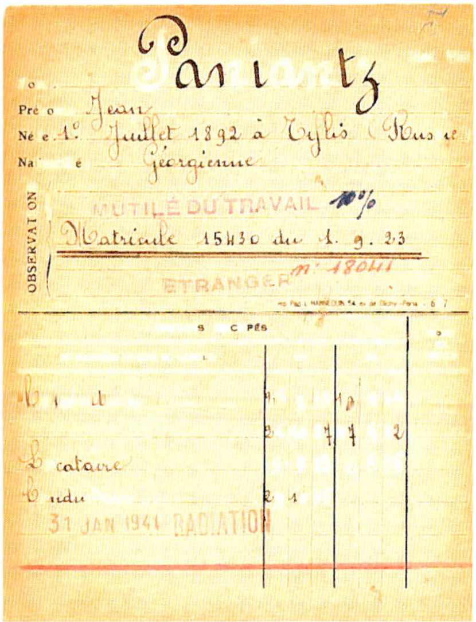

Né le 1er Juillet 1892 à Tiflis (Russie)

Géorgienne

MUTILÉ DU TRAVAIL 10 %

Matricule 15430 du 1. 9. 23

ETRANGER n° 18041

31 JAN 1941 RADIATION

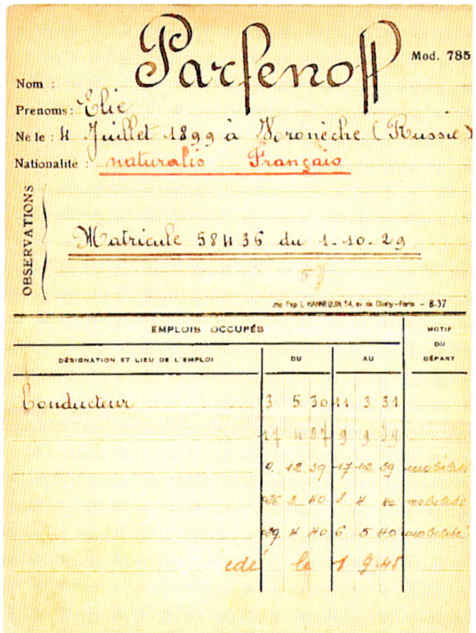

Mod. 785

Nom : Parfenoff

Prénoms : Elie

Né le 11 Juillet 1899 à Voronèche (Russie)

Nationalité : naturalisé Français

OBSERVATIONS

Matricule 58436 du 1.10.29

EMPLOIS OCCUPÉS

DÉSIGNATION ET LIEU DE L'EMPLOI	DU	AU	MOTIF DU DÉPART
Conducteur	3 5 30	11 3 31	

Beaucoup, par passion des chiffres, devinrent comptables, les autres taxis. On estime que les Russes blancs ont été jusqu'à 5 000 à être chauffeurs de taxi à Paris. C'est ce que firent, notamment, les anciens officiers de l'armée blanche, ceux qui avaient le plus le goût de l'indépendance. Au volant de leur taxi, ils redevenaient seuls maîtres à bord.

Le général Erdélyi, le plus haut gradé de tous les taxis parisiens, et le général Guerassimoff, carte numéro un de la section des chauffeurs russes de l'Union des combattants, celle qui se préparait à repartir en Russie pour se battre contre les Soviétiques, étaient les figures tutélaires de ces anciens militaires qui avaient combattu contre les bolcheviques.

Le colonel Silkine était un autre héros de la guerre civile du côté des Blancs. Membre du régiment conduit par Drozdovski, il s'était battu en Galicie, une région de Roumanie, et avait mené de véritables croisades à travers les lignes bolcheviques. Même en tant que chauffeur de taxi, il était craint autant que respecté.

Le prince Alexandre Troubetskoï, qui, grâce à son permis de conduire et à sa pratique du français, était devenu très vite chauffeur de tramway et de taxi, en imposait par sa stature, sans que ses clients sachent d'où lui venait cette aisance aristocratique, lui le descendant d'une des plus importantes familles de la noblesse russe.

Pour compléter ma connaissance des chauffeurs russes, je décide de rencontrer un autre historien de cette période : Alexandre Jevakhoff, dont le nom fait autorité quand il s'agit de parler de l'histoire des Russes blancs et qui a publié, en 2007, un livre sur le sujet avec en couverture… un chauffeur de taxi.

Alexandre Jevakhoff.

Quand il s'installe devant moi, je suis impressionné par ses yeux clairs et perçants. Haut fonctionnaire respecté, inspecteur général des Finances passé par plusieurs cabinets ministériels sous la présidence de Jacques Chirac et celle de Nicolas Sarkozy, il en impose : élégance aristocratique, phrasé précis, celui qui a consacré sa vie à l'exercice de l'État n'est pas du genre « petit garçon ».

Pourtant, c'est un texte écrit récemment sur son enfance que je souhaite lui faire raconter, dans lequel il dresse le portrait du parrain de sa mère :

« Plusieurs jours par semaine, des années durant, une voiture m'a attendu en fin de matinée, à la sortie de la classe. Après le déjeuner à la maison, la même Peugeot 403 crème ramenait à son école un jeune garçon tout fier du privilège dont il bénéficiait : un taxi à son service, un taxi gratuit qui plus est. Le conducteur de la Peugeot était en effet un chauffeur de taxi particulier : un ancien officier de la marine impériale russe. Mort à l'été 1977, à près de 90 ans, en restant au volant quasiment jusqu'à sa dernière heure, "mon" chauffeur de taxi est peut-être le dernier Russe blanc que les Parisiens ont pu croiser au volant de son véhicule, alimentant ainsi, soixante ans après 1917, une des images les plus fortes de l'émigration russe en France. »

C'était, il y a quelques mois, sa façon à lui de commémorer la révolution d'Octobre dans un article paru dans le magazine *Causeur*, au titre évocateur : « Russes blancs : honneur aux vaincus ! »...

En me racontant l'histoire de son chauffeur de taxi, Alexandre Jevakhoff m'explique la psychologie de ces hommes qui ne voulaient surtout pas de patron. Ils étaient venus en France pour la liberté, alors hors de question de travailler à l'usine. Pour les Russes, être taxi, c'était le moins mauvais de tous les métiers. Maîtres de leur emploi du temps, ils étaient maîtres de leur vie mais vivaient souvent entre eux.

C'est la même histoire que raconte le film de Pavel Lounguine, intitulé *Taxi Blues*. Dans la Russie des années 1990, on suit les péripéties de Schlikov, un chauffeur de taxi qui prend en otage un joueur de saxophone pour se faire payer sa course. Il roule dans une vieille Volga sans âge et peste contre les taxis sauvages qui lui volent son gagne-pain. Un monde s'écroule, un autre peine à naître. Le saxophone descend et devient célèbre, le chauffeur reste seul dans sa vieille voiture.

Taxi Sofia, un film de Stephan Komandarev sorti en 2017, dresse le portrait (à charge) d'une Bulgarie sans foi ni loi, à travers le destin de ces chauffeurs de taxi, tous coupables. Le premier est pris à la gorge par les dettes, le deuxième par la mafia, le troisième vole des chaussures dans les cimetières, la suivante se prostitue en plus de faire taxi, et le dernier est prêtre le jour, chauffeur la nuit. Quand un client qui l'a appelé pour donner l'extrême-onction lui demande si c'est autorisé, il répond que la Bible ne l'a pas interdit. Il faut dire qu'à l'époque il n'y avait pas de taxis...

Personne dans les rues, aucune voiture ne roule encore. Le pays est devenu désert. Plus que jamais, le taxi sert de miroir et donne à voir, grâce au procédé de la caméra embarquée, un pays que « même Dieu a abandonné », selon l'un des chauffeurs.

À force de rouler au hasard des rues grises et vides de Sofia à la recherche d'hypothétiques clients, l'évidence apparaît : il faut partir à son tour. « Le seul choix possible, c'est entre le terminal A et le terminal B à l'aéroport », comme le résume un autre chauffeur.

Voir le pays de la fenêtre d'un taxi, c'est déjà le comprendre. Écouter ce qui se dit dans un taxi, c'est entendre la voix du peuple.

C'est ce qu'avait voulu mesurer Jens Stoltenberg, Premier ministre norvégien, en devenant lors de la campagne pour sa réélection en 2013 chauffeur de taxi d'un jour dans les rues d'Oslo. Mieux qu'un sondage et surtout moins cher, la journée au volant était aussi une opération de communication pour montrer que le fringant élu travailliste était resté proche des gens.

« C'est important pour moi d'entendre ce que les gens pensent vraiment. Et s'il y a bien un endroit où les gens disent ce qu'ils pensent, c'est dans le taxi », déclara-t-il à cette occasion. La vidéo postée sur YouTube est plutôt drôle. Elle montre Jens Stoltenberg en cravate rouge, vêtu de la tenue officielle des chauffeurs de taxi d'Oslo. Hélas, les clients le reconnaissent trop vite.
Une vieille dame en profite pour l'interroger : *« Ça tombe bien, je comptais vous écrire. Vous trouvez normal que les chefs d'entreprise gagnent autant ? Ils ne devraient pas gagner des millions comme ça. Qu'est-ce que vous faites contre ça ? »* Le Premier ministre esquive : *« C'est difficile d'y mettre un terme. Sur cette question, vous savez, je ne peux pas décider tout seul. »*

Alexandre Jevakhoff.

Quand il s'installe devant moi, je suis impressionné par ses yeux clairs et perçants. Haut fonctionnaire respecté, inspecteur général des Finances passé par plusieurs cabinets ministériels sous la présidence de Jacques Chirac et celle de Nicolas Sarkozy, il en impose : élégance aristocratique, phrasé précis, celui qui a consacré sa vie à l'exercice de l'État n'est pas du genre « petit garçon ».

Pourtant, c'est un texte écrit récemment sur son enfance que je souhaite lui faire raconter, dans lequel il dresse le portrait du parrain de sa mère :

« Plusieurs jours par semaine, des années durant, une voiture m'a attendu en fin de matinée, à la sortie de la classe. Après le déjeuner à la maison, la même Peugeot 403 crème ramenait à son école un jeune garçon tout fier du privilège dont il bénéficiait : un taxi à son service, un taxi gratuit qui plus est. Le conducteur de la Peugeot était en effet un chauffeur de taxi particulier : un ancien officier de la marine impériale russe. Mort à l'été 1977, à près de 90 ans, en restant au volant quasiment jusqu'à sa dernière heure, "mon" chauffeur de taxi est peut-être le dernier Russe blanc que les Parisiens ont pu croiser au volant de son véhicule, alimentant ainsi, soixante ans après 1917, une des images les plus fortes de l'émigration russe en France. »

C'était, il y a quelques mois, sa façon à lui de commémorer la révolution d'Octobre dans un article paru dans le magazine *Causeur*, au titre évocateur : « Russes blancs : honneur aux vaincus ! »…

En me racontant l'histoire de son chauffeur de taxi, Alexandre Jevakhoff m'explique la psychologie de ces hommes qui ne voulaient surtout pas de patron. Ils étaient venus en France pour la liberté, alors hors de question de travailler à l'usine. Pour les Russes, être taxi, c'était le moins mauvais de tous les métiers. Maîtres de leur emploi du temps, ils étaient maîtres de leur vie mais vivaient souvent entre eux.

La « Petite Russie » est une cité du 13e arrondissement, un quartier perdu où s'est jouée une partie de l'histoire des Russes de France, un secret bien gardé. C'est là que se trouvait un des plus importants garages de taxis de la rive gauche dans les années 1930, un garage Citroën.

Aujourd'hui, pour y pénétrer, il faut connaître le code de l'immeuble et franchir la porte vitrée qui sépare l'ancien garage d'un hôtel bon marché faussement design. On grimpe au troisième étage, on sort à l'air libre et, là, surprise, on se retrouve sur une sorte de terrasse qui surplombe les jardins de la rue voisine et qui dessert une rangée de maisons identiques, alignées au cordeau.

C'est là qu'un sculpteur un peu fou avait entrepris de créer une gigantesque maquette de Paris en bois pour apprendre aux chauffeurs russes le nom des rues et leur sens de circulation.

Alexandre Jevakhoff m'apprend que les chauffeurs de taxi russes les moins familiers des rues de Paris avaient pour habitude de passer par la place de l'Étoile. C'était leur moyen à eux de retrouver leur chemin, peut-être aussi de rallonger la course… À partir de là, ils savaient toujours où aller.

La solidarité des proscrits les conduisit à se rassembler toujours plus. Ainsi, malgré leur aversion pour les syndicats, forcément proches des communistes, et leur goût de la liberté, les chauffeurs se regroupèrent. Il fallait bien se défendre. L'Union des chauffeurs de taxi russes, fondée le 8 mai 1926, compta jusqu'à 2 000 cartes de membres et employa deux avocats et un conseiller juridique.

Le week-end venu, les chauffeurs russes avaient l'habitude de se retrouver dans une grande maison pour l'achat de laquelle ils s'étaient cotisés, un ancien centre de vacances à Éragny-sur-Oise. C'est là qu'ils faisaient la fête ou se reposaient en famille en parlant du passé ou en préparant un retour au pays qui ne viendrait jamais. Ils l'appelaient « notre maison ».

Ce que les taxis russes inventèrent aussi : le nom de la police des taxis, les boers. Contrairement à ce qu'on croit, rien à voir avec l'Afrique du Sud. Sur le site de la préfecture de police, l'explication est claire. « L'origine du mot "boers" remonte aux années 1917, lorsque les premiers "Russes blancs", chassés de Russie par la révolution, émigrèrent en France pour y exercer la profession de cocher. Ces chauffeurs de taxi avant l'heure déformèrent le terme argotique de "bourres" désignant à cettte époque les policiers en boers. » Si le nom de boers est resté, d'autres termes d'argot sont entrés dans les habitudes pour désigner les agents de police, qui n'ont plus rien à voir avec les Russes blancs. On les appelle : les bicyclettes, les tuniques bleues, les victors et, bien sûr, les keufs…

Cent ans après la révolution d'Octobre, il est amusant de penser que ce qui reste des taxis russes est un terme d'argot désignant les policiers. Eux qui ne les aimaient guère…

MON TAXI PORTE UN TURBAN

Partout dans le monde, le métier de taxi est un moyen de s'intégrer, une chance de connaître le pays, d'en apprendre les habitudes et la langue.

À New York, comme nous l'avons vu, il y a longtemps que le chauffeur de taxi n'est plus américain. Profession idéale pour celui qui débarque de l'autre bout du monde sans un dollar en poche, la ville compte aujourd'hui plus de 175 nationalités différentes parmi les *cab drivers*.

C'est le Bangladesh qui est le plus représenté, avec 10 250 chauffeurs, soit 23 % des chauffeurs de New York, devant le Pakistan et l'Inde. Cette surreprésentation du sous-continent indien va même en croissant.

Dans la série *The Night Of*, créée en 2016 par Richard Price et Steven Zaillan, le chauffeur de taxi new-yorkais habite dans le Queens et il est pakistanais. Avec deux autres chauffeurs, il s'est endetté pour acheter sa licence de taxi et il risque de tout perdre. Un soir, son fils Nazir Khan emprunte son taxi pour se rendre à une fête. En chemin, il charge une jeune femme qui lui propose de faire un tour dans New York. Drogue, drague, sexe : quand Nazir se réveille chez la jeune femme, il la retrouve poignardée de 25 coups de couteau. Il ne se souvient de rien et sa vie bascule à jamais.

Si la série vaut surtout par la dénonciation de l'univers carcéral de Rikers Island, le personnage du père de Nazir, musulman pakistanais, est un magnifique portrait du chauffeur de taxi new-yorkais d'aujourd'hui, confronté au racisme ordinaire et à la violence du système judiciaire américain.

Rien à voir heureusement avec l'histoire de Sim Sinranh, le seul taxi sikh de Paris, mon taxi à turban. Quand je l'ai rencontré la première fois, à bord de son taxi, il m'a fait l'effet d'un maître du stand-up. Il m'a « chargé » place de la Bourse et nous avons traversé Paris ensemble. Sous son turban, le jeune homme avait de la tchatche et le sens des formules. Le trajet s'était transformé en sketch.

Pourtant, quand je le retrouve quelques jours plus tard au café, mon taxi à turban baisse la tête, il économise ses mots. Il est venu avec un collègue, un Français converti au sikhisme, qui répond souvent à sa place. Simran est timide, comme si la parole, c'était pour le taxi, quand il roule, quand il commente ce qu'il voit dans la rue.

« Je crée, je produis de la conversation grâce au jeu de miroirs du taxi. Je regarde dehors et je parle. Chaque fois, l'histoire est différente. Mais j'ai remarqué que ma diction est meilleure depuis que je suis taxi et je suis plus à l'aise dans ma voiture qu'à l'extérieur. »

Sim Sinranh.

Il a 28 ans, il habite Drancy et sa famille vient du Pendjab, cette région du nord de l'Inde où les sikhs sont majoritaires. Ils ne sont que 12 000 dans la région parisienne et seulement 4 sont chauffeurs de taxi. Lui vit avec ses deux frères et son père, qui a monté une entreprise dans l'immobilier. Ils vivent bien, ils ne se plaignent pas.

Le métier de taxi lui plaît, pour la liberté bien sûr, même si, depuis quelque temps, il a arrêté de travailler la nuit. *« La nuit, c'est spécial et puis c'est bien quand tu commences, pour apprendre les rues de Paris. Il y a moins d'embouteillages, tu fais plus de courses. Maintenant je suis à l'aise, ça fait quatre ans que je fais ce métier. J'ai besoin de personne. »*

Le turban qu'il porte avec fierté et dont l'émoticône parsème ses textos est un attribut autant religieux, identitaire… qu'hygiénique. Il est fier d'être un des rares chauffeurs de taxi à le porter.

« Dans un taxi, ça crée du respect. Quand ils te voient avec ton turban, les clients te respectent. Ils comprennent que c'est ta personnalité, ton identité. Bien sûr, depuis les attentats, c'est plus difficile, il y a une méfiance. Un turban, c'est inquiétant. Et puis les gens parlent moins, ils sont enfermés dans leurs pensées. Mais moi, j'arrive presque toujours à engager la conversation. »

Ce qu'il aime dans le métier, c'est la rencontre, ce moment de grâce où « deux âmes voyagent ensemble », où les regards se croisent dans le rétroviseur.

« Le plus dur, c'est quand on a chargé un client sympa, de le voir partir. Le taxi, c'est aussi la peur de devoir se séparer. Quinze, vingt fois par jour, on doit quitter quelqu'un. »

Justement, au moment de nous dire au revoir, je crois déceler dans ses yeux comme un regret, celui de n'avoir pas tout dit. En partant, il m'apprend une dernière chose : « Simran, ça veut dire "souvenir". »

LE REFLET DU MONDE

En taxi, on voit tout et on est plus libre.

Quand Jafar Panahi, interdit de tournage en Iran pour une période de vingt ans par le régime des mollahs, décide de faire quand même un film, il devient chauffeur de taxi. Le film s'appelle *Taxi Téhéran* et c'est une ode à la liberté. Ours d'or au Festival de Berlin, il a connu un grand succès et a contribué à faire de son réalisateur un des cinéastes majeurs de notre temps.

Muni de quatre caméras Gescop, il filme à leur insu les clients qu'il prend dans son taxi. Personne ne le reconnaît, mis à part une avocate spécialisée dans les droits de l'homme.

À l'intérieur de son taxi, la parole est autorisée, libérée, débridée. On parle de sexe, de démocratie, de religion. C'est le portrait d'une société traversée par ses propres contradictions.

Le film se termine par ces mots : « Le ministère de l'Orientation islamique valide les génériques des films “diffusables”. À mon grand regret, ce film n'a pas de générique. J'exprime ma gratitude à tous ceux qui m'ont soutenu. Sans leur précieuse collaboration, ce film n'aurait pas vu le jour. »

Cela rappelle un de ses précédents films intitulé : *Ceci n'est pas un film*. On pourrait même dire : *Ceci n'est pas un taxi*. C'est seulement l'espoir et la liberté qui roulent ensemble dans Téhéran.

Jafar Panahi.

C'est la même histoire que raconte le film de Pavel Lounguine, intitulé *Taxi Blues*. Dans la Russie des années 1990, on suit les péripéties de Schlikov, un chauffeur de taxi qui prend en otage un joueur de saxophone pour se faire payer sa course. Il roule dans une vieille Volga sans âge et peste contre les taxis sauvages qui lui volent son gagne-pain. Un monde s'écroule, un autre peine à naître. Le saxophone descend et devient célèbre, le chauffeur reste seul dans sa vieille voiture.

Taxi Sofia, un film de Stephan Komandarev sorti en 2017, dresse le portrait (à charge) d'une Bulgarie sans foi ni loi, à travers le destin de ces chauffeurs de taxi, tous coupables. Le premier est pris à la gorge par les dettes, le deuxième par la mafia, le troisième vole des chaussures dans les cimetières, la suivante se prostitue en plus de faire taxi, et le dernier est prêtre le jour, chauffeur la nuit. Quand un client qui l'a appelé pour donner l'extrême onction lui demande si c'est autorisé, il répond que la Bible ne l'a pas interdit. Il faut dire qu'à l'époque il n'y avait pas de taxis…

Personne dans les rues, aucune voiture ne roule encore. Le pays est devenu désert. Plus que jamais, le taxi sert de miroir et donne à voir, grâce au procédé de la caméra embarquée, un pays que « même Dieu a abandonné », selon l'un des chauffeurs.

À force de rouler au hasard des rues grises et vides de Sofia à la recherche d'hypothétiques clients, l'évidence apparaît : il faut partir à son tour. « Le seul choix possible, c'est entre le terminal A et le terminal B à l'aéroport », comme le résume un autre chauffeur.

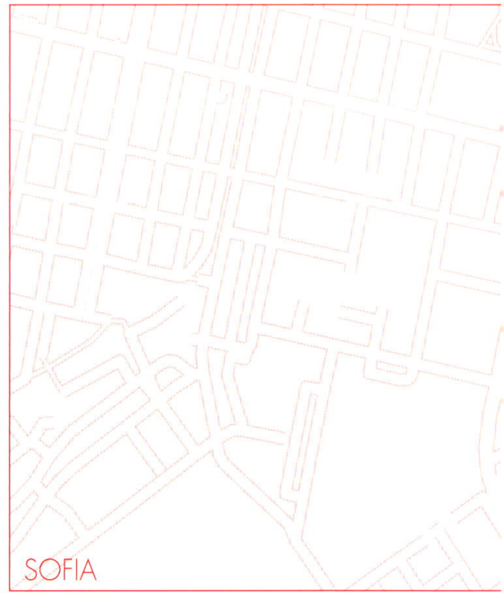

Voir le pays de la fenêtre d'un taxi, c'est déjà le comprendre. Écouter ce qui se dit dans un taxi, c'est entendre la voix du peuple.

C'est ce qu'avait voulu mesurer Jens Stoltenberg, Premier ministre norvégien, en devenant lors de la campagne pour sa réélection en 2013 chauffeur de taxi d'un jour dans les rues d'Oslo. Mieux qu'un sondage et surtout moins cher, la journée au volant était aussi une opération de communication pour montrer que le fringant élu travailliste était resté proche des gens.

« C'est important pour moi d'entendre ce que les gens pensent vraiment. Et s'il y a bien un endroit où les gens disent ce qu'ils pensent, c'est dans le taxi », déclara-t-il à cette occasion. La vidéo postée sur YouTube est plutôt drôle. Elle montre Jens Stoltenberg en cravate rouge, vêtu de la tenue officielle des chauffeurs de taxi d'Oslo. Hélas, les clients le reconnaissent trop vite.
Une vieille dame en profite pour l'interroger : *« Ça tombe bien, je comptais vous écrire. Vous trouvez normal que les chefs d'entreprise gagnent autant ? Ils ne devraient pas gagner des millions comme ça. Qu'est-ce que vous faites contre ça ? »* Le Premier ministre esquive : *« C'est difficile d'y mettre un terme. Sur cette question, vous savez, je ne peux pas décider tout seul. »*

Visiblement, la réponse laisse sceptique la cliente. Comme d'ailleurs son programme laissera sceptique une majorité de Norvégiens. Malgré cette tentative de renouer le contact avec le peuple, Jens Stoltenberg sera battu aux élections suivantes. L'expérience ne peut pas réussir à tous les coups. Mais on en connaît quelques-uns qui devraient prendre plus souvent le taxi pour entendre ce qui se dit sur leur compte...

ON RADIO CALL
OFF TAXI DUTY

5.
ON A TOUS QUELQUE CHOSE DE TRAVIS

S'il ne fallait citer qu'un chauffeur de taxi dans l'histoire du cinéma, évidemment ce serait Travis Bickle, celui de *Taxi Driver*. Plus que tous les autres, Travis a imprimé dans notre mémoire rétinienne, dans notre imaginaire collectif, l'image du chauffeur de taxi. Et quel chauffeur de taxi ! Heureusement qu'ils ne sont pas tous comme lui…

Vétéran du Vietnam, Travis Bickle est violent, raciste, misogyne. Il erre dans la nuit new-yorkaise à la recherche du client, avec la volonté de débarrasser cette ville de toute cette faune : « Putes, chattes en chaleur, enculés, folles, pédés, dealers, camés…, le vice et le fric. Un jour viendra où une bonne pluie lavera les rues de toute cette racaille. » Travis Bickle se sent investi d'une mission : laver les rues de New York, car « quand il pleut, le roi de la ville, c'est le chauffeur de taxi ». Alors il attend la pluie et se rêve en justicier.

On croit que Travis est né de la caméra de Martin Scorsese et du jeu d'acteur de Robert De Niro, mais ce n'est pas vrai. Travis Bickle est né du talent et de l'imagination de Paul Schrader, plus sûrement encore que de la réplique culte : « *You talkin' to me ?* » On pourrait même dire de sa vie, car l'histoire de *Taxi Driver* est en partie inspirée de faits autobiographiques.

C'est au sortir d'une période de dépression sans précédent au cours de laquelle il a fini dans un hôpital à lire *La Nausée*, de Jean-Paul Sartre, ou *L'Idiot*, de Dostoïevski, que le critique de cinéma se met à écrire un scénario.

Il le propose d'abord à Brian De Palma, qui le refuse, puis à Martin Scorsese, qui l'accepte.

Les deux ont en commun l'amour du cinéma et une connaissance encyclopédique du septième art. Ils partagent également une vision morale du cinéma. On pourrait même dire que, sur ce plan, ils se complètent. Ils sont fascinés tous les deux par la culpabilité, la rédemption et le pardon, mais chacun à sa manière. Schrader explique : « J'ai fait un script protestant et Marty [Scorsese] en a fait un film catholique. »

En effet, l'un est catholique, issu de l'immigration italienne. L'autre est calviniste, issu d'une famille très rigoriste du Michigan. Le père de Schrader aurait voulu qu'il devienne pasteur et, jusqu'à l'âge de 18 ans, il lui a été interdit d'aller au cinéma : trop dangereux. C'est là qu'il trouvera sa voie et c'est le cinéma qui le sauvera.

Voici comment Paul Schrader résume le film qui changera sa vie :

« Taxi Driver, *c'est l'histoire d'un homme qui trimballe n'importe qui n'importe où, pour de l'argent. Un homme qui sillonne la ville comme un rat les égouts. Un homme constamment entouré de gens mais qui n'a pas d'amis. Le symbole absolu de la solitude humaine.* »

Pourquoi avoir choisi un chauffeur de taxi ? Parce que le chauffeur de taxi est comme un mort vivant, enfermé dans son véhicule. Il voit la ville défiler sous ses yeux, mais il ne peut rien faire. Il est impuissant, frustré et en devient violent.

Paul Schrader est plus précis encore quand il s'agit d'expliquer les circonstances qui l'ont conduit à choisir ce personnage : *« J'avais habité un certain temps dans ma voiture et j'avais fini à l'hôpital à l'âge de 26 ans. Pendant mon séjour, j'ai eu l'idée de la métaphore du taxi, le concept d'un homme prisonnier d'un cercueil de métal qui flotte dans les méandres de la ville, qui semble être au cœur de la société mais qui est en fait désespérément seul. »*

On comprend mieux alors l'importance de la scène culte de *Taxi Driver*, celle où De Niro se parle à lui-même le visage tourné vers la caméra, comme s'il s'adressait au spectateur autant qu'à lui-même. Dans ses souvenirs de tournage, Scorsese raconte : *« Par définition, quand tu es taxi, tu es séparé des autres. Il y a une séparation entre le client et toi. Je voulais accentuer cette séparation et le faire se parler à lui-même. C'est comme ça que j'ai trouvé l'idée du miroir. Après, c'est l'improvisation de Bob et les circonstances qui ont créé la répétition. »*

Les circonstances sans doute, mais aussi le talent de De Niro, qui comprend d'instinct ce qu'il faut faire et qui commence à répéter la même phrase.

Improvisé par l'acteur, le dialogue avec lui-même donne une dimension encore plus délirante à son personnage. Seul devant le miroir, le chauffeur de taxi devient totalement schizophrène. Il se parle, il se menace, il s'insulte. *« You talkin' to me ? You talkin' to me ? You talkin' to me ? Then who the hell else are you talkin' to me ? You talkin' to me ? Well I'm the only one here. Who the fuck do you think you're talkin' to me ? » (« C'est à moi que tu parles ? C'est à moi que tu parles ? C'est à moi que tu parles ? Sinon, à qui diable parles-tu ? C'est à moi que tu parles ? Tu sais, je suis seul ici. À qui penses-tu parler, putain ? »)*

De Niro dit s'être inspiré d'un concert de Bruce Springsteen en 1975 au cours duquel le chanteur avait répondu à la foule, le dos tourné : *« Are you talking to me ? »*

En écoutant attentivement cette scène, on a l'impression d'être encore dans le taxi de Travis Bickle. La rumeur de la ville couvre presque la voix de De Niro, on entend les klaxons, New York est partout. Il faut dire que le tournage a lieu dans les conditions réelles et que le bruit est tel que Scorsese encourage De Niro à répéter la phrase quand il commence à improviser. C'est à ce moment précis du film que la magie du cinéma opère dans cette chambre minuscule où Travis ne parvient plus à trouver le repos, au cœur de New York.

En voyant Travis, nous nous voyons nous-même, chauffeur de taxi ou non, avec nos angoisses, notre incapacité à communiquer, nos insomnies, nos frustrations, nos coups de colère et nos accès de violence. Comme lui, nous avons envie d'en finir avec ce monde noir, glauque, sordide et nous cherchons une issue.

C'est ce que Scorsese explique quand il dit :

« On n'a pas le choix : il faut accepter d'avoir ces fantasmes en soi. Ce type, lui, franchit la limite. Ce qui est remarquable dans le scénario, c'est que Paul est parvenu à toucher une veine très humaine – qui est aussi le foyer d'un certain racisme et d'autres traits détestables. Mais le fait est que ces traits se retrouvent chez beaucoup de gens. »

Autrement dit, nous sommes tous des Travis Bickle !

LA PALME DU TAXI

Lors du Festival de Cannes de 1976, Martin Scorsese obtient la Palme d'or avec *Taxi Driver* et, dans la foulée, il se met à la drogue. Désormais, pour lui, rien ne sera plus comme avant. Le taxi de Travis Bickle a changé sa vie.

À Cannes, le réalisateur américain a l'habitude de loger à l'Hôtel du Cap, « l'endroit rêvé pour vivre et fuir le monde », selon Francis Scott Fitzgerald. C'est là que Sergio Leone essaie de le rassurer sur les chances de son film, car les retours de la Croisette ne sont pas bons. Sorti en février aux États-Unis, il a beau être déjà un succès outre-Atlantique, les critiques français ne sont pas tendres avec *Taxi Driver* : « fabriqué », « insignifiant », « bizarre », « délirant », peut-on lire dans les revues de cinéma de l'époque.

Conférence de presse de Martin Scorsese, Jodie Foster et Robert De Niro, Cannes, 1976.

Tennessee Williams, le président du festival, s'est exprimé pour dire tout le mal qu'il pense du film, de sa violence et de sa morale. Lors de la conférence de presse après la projection du film sur la Croisette, les journalistes n'en ont que pour Robert De Niro et surtout Jodie Foster, la jeune actrice qui parle si bien français.

Alors Scorsese quitte Cannes avant même le palmarès, sur un coup de sang, vexé des réactions négatives que son film suscite. Il faut dire que Marty, comme on l'appelle déjà dans le milieu, n'aime pas les critiques et se fait une sacrée idée de lui-même. C'est lui qui parle : *« Une des choses pour lesquelles je remercierai toujours les Français, c'est de m'avoir donné la Palme à Cannes. Ça m'a permis de découvrir quel raté je pouvais être. J'ai commencé à toucher à la drogue quelques jours après la projection de* Taxi Driver*, alors que je commençais à travailler sur* New York, New York. *C'était le début d'une descente aux enfers qui allait durer près de deux ans et qui me laisserait presque mort. »*

De Niro n'a jamais douté du succès du film et quand Scorsese lui demande combien, selon lui, il va faire d'entrées, l'acteur répond de manière prémonitoire : *« Qu'importe de savoir combien il va faire d'entrées la première année. Dans cinquante ans, on le regardera encore. »*

COLUMBIA PICTURES presents
ROBERT DE NIRO
TAXI DRIVER
A BILL/PHILLIPS Production of a MARTIN SCORSESE Film
JODIE FOSTER ALBERT BROOKS as "Tom" HARVEY KEITEL
LEONARD HARRIS PETER BOYLE as "Wizard" and
CYBILL SHEPHERD as "Betsy"
Written by PAUL SCHRADER Music BERNARD HERRMANN Produced by MICHAEL PHILLIPS
and JULIA PHILLIPS Directed by MARTIN SCORSESE Production Services by Devon/Persky-Bright
Columbia Pictures
R
RESTRICTED

Pourtant, au début, les choses se présentent mal. Aucun producteur, aucun studio ne veut faire ce film : il est jugé trop violent, trop sexuel. De toute façon, s'il se fait, il finira sans doute classé X. Pour ne pas encourir les foudres de la censure aux États-Unis, il faut donc revoir le scénario et couper l'hémoglobine avec de l'eau pour la scène finale de la tuerie.

En France, le film restera longtemps interdit aux moins de 18 ans mais sera d'emblée un grand succès. New York fascine autant qu'elle effraie. La ville est le symbole de toute la culture branchée de la fin des années 1970.

Le meilleur vient de là-bas : Iggy Pop, Patti Smith, Andy Warhol et le Velvet Underground..., tous ces artistes qui fascinent les petits *Frenchies* qui s'approvisionnent à l'époque chez Harry Cover, le célèbre disquaire du « trou » des Halles.

Le meilleur et le pire. La faune de la ville rejoint la faune des artistes et *Taxi Driver* signe l'irruption de la violence à l'état pur dans le cinéma. Le jazz tantôt mélancolique et tantôt inquiétant de la BO, la voix off énigmatique qui joue le rôle de conscience morale, l'atmosphère presque toujours nocturne du film, tout raconte l'Amérique des années 1970. Pas celle d'Al Capone ou du *Parrain*, pas celle des westerns et des comédies populaires, mais une Amérique bien réelle : glauque, poisseuse, tourmentée par sa culpabilité lors de la guerre du Vietnam, plus violente que jamais.

Si la politique existe encore dans cette Amérique-là, elle n'est déjà plus qu'un spectacle d'où émerge la jolie assistante du gouverneur que Travis essaie de séduire. Au sortir d'une séance de drague ratée, il ne reste que les obsessions d'un homme, les frustrations sexuelles d'un chauffeur de taxi qui se rêve en chevalier, prêt à tout pour nettoyer la ville de New York de ses péchés.

Taxi Driver, c'est le visage d'une société américaine qui ne conçoit la rédemption que par le sang.

Quelques années après sa sortie, le film se retrouvera à nouveau au cœur d'une polémique quand John Hinckley Jr. tentera d'assassiner Ronald Reagan.

Nous sommes en 1981 et les avocats ont bien du mal à défendre leur client. L'Amérique, toujours traumatisée par la mort de JFK, ne lui trouve pas de circonstances atténuantes. Pourtant, il en a. Il voulait simplement attirer l'attention de Jodie Foster. Il est raide dingue de cette fille depuis qu'il a vu *Taxi Driver* 15 fois d'affilée ! Le film sera projeté au jury comme pièce à conviction au moment du procès de John Hinckley Jr.

EN VOITURE AVEC DE NIRO

Dans les années 1970, New York est au bord du gouffre. On a peine à imaginer quelle était la situation de la ville à l'époque. Une ville sale, dangereuse, bruyante et inquiétante. Une ville au bord de la faillite aussi. À l'époque, le soir, à Times Square ou sur la 42e Rue, tout peut arriver, votre existence ne vous appartient plus.

Scorsese raconte qu'en tournant sur place il a eu l'impression de tourner en enfer. New York est devenue la ville de toutes les tentations, de tous les crimes, de tous les péchés.

À la une du *Daily News*, le président Gerald Ford n'y va pas par quatre chemins : « *Drop Dead !* », autrement dit : « Que cette ville crève ! »

Scorsese voulait tourner à New York pour cette raison. Filmer LA ville. Filmer SA ville. Au plus près. Quoi de mieux dans ces conditions, pour voir la ville au plus près, que de filmer d'un taxi ? Et c'est à New York que les taxis représentent vraiment quelque chose. Pas à Chicago, à San Francisco ou à La Nouvelle-Orléans. À New York et nulle part ailleurs.

Pour se préparer au rôle, De Niro décide de jouer les taxis pendant une quinzaine de jours dans New York. Habituellement assez réservé, il se force à bavarder avec les passagers pour se mettre dans la peau du personnage qu'il s'apprête à jouer. Personne (ou presque) ne le reconnaît. Il est pourtant déjà célèbre. Il vient de recevoir l'Oscar pour *Le Parrain 2*. L'un de ses clients, un peu plus physionomiste que les autres, s'inquiète : « Vous êtes obligé ? L'Oscar n'a rien changé pour vous ? C'est si dur que ça ? »

Un jour, une femme noire, très belle, le hèle dans la rue. La discussion s'engage. Elle veut faire du cinéma, elle n'a pas de relation, elle n'a pu obtenir qu'un petit rôle. Divorcée, elle élève seule sa fille, elle est dans la galère. Il propose de lui donner un coup de main : « Je suis Robert De Niro, je peux peut-être vous aider. » Elle n'en a que faire : « C'est ça ! Et moi je suis la reine d'Angleterre ! » Quelques mois plus tard, De Niro épousera Diahnne Abbott.

De Niro ne rencontre pas que sa future femme dans son taxi, il accueille aussi Scorsese, le temps de quelques courses :

« Bob m'a dit que, quand il fait le taxi, il a l'air anonyme. Les gens disaient et faisaient n'importe quoi à l'arrière. J'ai voulu voir ça. »

Le réalisateur s'imprègne de ces tournées et comprend un peu mieux le métier.

Ce qu'il aime dans le métier de chauffeur de taxi, c'est que sa vie est sous le contrôle du client, un peu comme un acteur qui obéit aux ordres d'un metteur en scène. Martin Scorsese raconte :

« C'est une des choses les plus folles dans le fait de conduire un taxi en ville. Un client monte dans votre voiture et vous ne savez pas où il va vous demander d'aller, ce qui va se passer. Les clients décident de votre vie. »

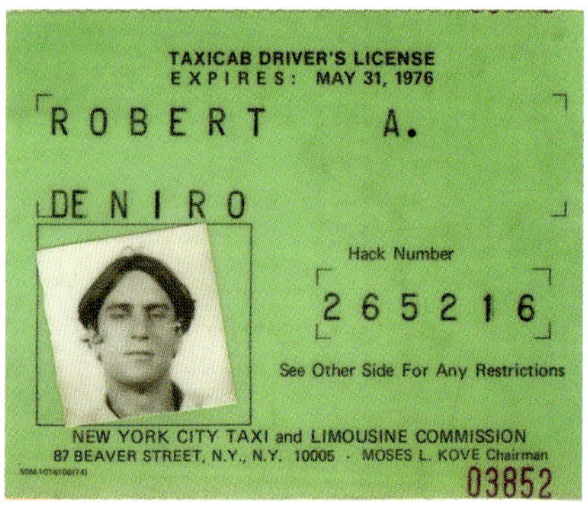

Dans une scène de *Taxi Driver*, De Niro conduit à nouveau Scorsese. Le réalisateur se retrouve devant la caméra de façon totalement imprévue.

L'acteur initialement engagé a eu un grave accident lors de la dernière semaine de tournage. Il faut le remplacer au pied levé. Obligé de parer au plus pressé, Martin Scorsese va devoir faire ce qu'il déteste le plus au monde : passer devant la caméra. Il n'aime ni sa voix ni son image. Pendant le montage, il ne parvient pas à regarder les rushes. Littéralement, il ne peut pas se voir. Mais ce qu'il déteste par-dessus tout, c'est qu'on lui dise ce qu'il doit faire. Heureusement, ce n'est pas lui qui conduit.

Diahnne Abbott et Robert De Niro, 1978.

Il joue le rôle d'un psychopathe armé d'un Magnum 44 qui explique à Travis Bickle ce qu'il va infliger à sa femme dès qu'il sera chez lui. Scorsese joue le rôle de l'annonciateur, celui qui prévient de la violence qui va advenir. C'est lui qui parle : *« On a un peu improvisé en fonction de ce que je lui disais. Tout rebondissait sur lui. Je lui disais des choses de plus en plus choquantes. Il ne réagissait pas, je le rendais fou. C'était l'idée : mes propos allaient instiller la violence en lui. »* Et puis, surtout, il ne le regarde pas. Pendant toute la scène, Scorsese est filmé de face, caméra attachée à la carlingue du taxi, assis sur la banquette arrière, et il s'adresse au chauffeur sans regarder dans le rétroviseur intérieur. Ne pas voir les yeux de De Niro l'aide à jouer et lui permet d'en rajouter dans la provocation. Il se concentre sur la nuque de Bob et oublie qu'il n'a jamais pris de cours d'art dramatique.

C'est aussi ça, la magie du taxi.

Le premier hebdomadaire des faits-divers
4e Année - N° 136 1 FR. 50 - TOUS LES JEUDIS - 16 PAGES 4 Juin 1931

DÉTECTIVE

Meurtre ou suicide?

Depuis près de huit années, un mystère angoissant subsiste autour de la mort de Philippe Daudet. Les révélations d'Achour vont-elles détruire les deux thèses jusqu'ici en présence : le fils de Léon Daudet s'est-il suicidé ou a-t-il été victime de la police politique ?

(Lire en pages 3, 4 et 5, l'article de Paul Bringuier sur cette énigmatique affaire.)

94

6.
FLICS ET TAXIS

L'histoire entre les taxis et la police remonte loin. Profession réglementée dès sa naissance, elle est souvent liée aux forces de sécurité.
À Paris, leur tutelle est exercée par la préfecture de police, autorité jalouse de prérogatives qui devraient en toute logique appartenir au monde des transports. C'est qu'ici, comme partout dans le monde, les taxis ont toujours servi à autre chose qu'à transporter les gens. Leur connaissance de la ville et de la nuit en a souvent fait des indics. Le nombre et la force de persuasion de leurs représentants syndicaux leur ont donné une capacité d'influence importante. On les craint et on redoute leur pouvoir de nuisance en même temps qu'on les utilise.

Et puis, c'est aussi qu'en taxi tout peut se jouer au prochain croisement. Le taxi, c'est le véhicule du destin. On saute dans un taxi pour rattraper celui ou celle qu'on aime en prononçant cette phrase : *« Chauffeur, suivez cette voiture ! »* et l'aventure commence. Les films policiers et les thrillers ont souvent utilisé le ressort dramatique de la poursuite qui s'engage derrière un amant, une maîtresse, un mari volage, de la course de taxi qui se termine mal, des preuves qu'on oublie à l'arrière d'un taxi et qui vous condamnent...
Chaque fois qu'on monte dans un taxi, on joue sa vie. Comme on prend un taxi, on perd son innocence.

LES TAXIS DE LA MORT

Tantôt bourreau, tantôt victime, le chauffeur de taxi n'est jamais innocent.

Dans *Night Fare*, sorti en 2016, dernier exemple en date de ces courses en taxi qui finissent souvent mal au cinéma, Luc et Chris, son ami anglais, sortent d'une soirée très arrosée quand ils montent ensemble dans le taxi. Arrivés à destination, ils s'enfuient sans payer. Malheureusement pour eux, ils ne sont pas tombés sur le bon taxi... Celui-ci ne veut rien céder... Il va les poursuivre toute la nuit pour obtenir son argent... Mais est-ce vraiment le prix de la course qu'il cherche à récupérer ?

Il faut dire que le chauffeur de taxi fait souvent figure de bouc émissaire idéal. Dans un film de 2016 également, réalisé par Gilles Bannier et tiré d'un roman de l'Américain Iain Levison, *Arrêtez-moi là*, Reda Kateb interprète un chauffeur de taxi victime d'une erreur judiciaire.

Samson Cazalet est taxi dans la région niçoise. Il est accusé d'avoir enlevé la fille d'une cliente (interprétée par Léa Drucker) qu'il avait récupérée à l'aéroport. De nombreux indices s'accumulent contre lui. La police bâcle l'enquête, son avocat est plutôt dilettante et il se retrouve aux assises. Parce qu'il n'est pas du bon côté, la machine judiciaire va se refermer sur lui comme un piège. Qui défendrait un chauffeur de taxi que tout accuse ?

À chaque moment, la vie du chauffeur peut basculer en fonction de celui ou celle qui monte à l'arrière. Dans *Collateral*, en 2004, Michael Mann réalise un huis clos terrifiant entre un chauffeur de taxi joué par Jamie Foxx et un tueur à gages joué par Tom Cruise.

L'action se passe non pas à New York, mais à Los Angeles. Tom Cruise prend en otage le chauffeur et lui fait sillonner la ville pour exécuter ses contrats. Cinq arrêts pour cinq meurtres, la vie du chauffeur de taxi va basculer et, en une nuit, il va passer de l'innocence à la culpabilité. Teint en gris, les cheveux coupés en brosse, Tom Cruise est méconnaissable dans ce rôle, un des seuls où il joue un méchant, lui, le redresseur de torts, l'homme aux missions impossibles et aux cascades légendaires.

Pourtant, celui qui s'est le plus entraîné pour le film, c'est Jamie Foxx, n'hésitant pas comme De Niro avant *Taxi Driver* à sillonner la ville au côté d'un chauffeur de taxi et prenant des cours de cascade pour réaliser lui-même certaines scènes.

L'histoire ne dit pas si son partenaire fut impressionné, mais elle retiendra que c'est sur le tournage de *Collateral* que Jamie Foxx a rencontré pour la première fois Katie Holmes, qui était alors la compagne de Tom Cruise. Après une séparation longue et tumultueuse, elle a enfin officialisé leur relation, en septembre 2017. Comme quoi, le taxi peut faire et défaire les couples et le preneur d'otages n'est pas toujours celui qu'on croit...

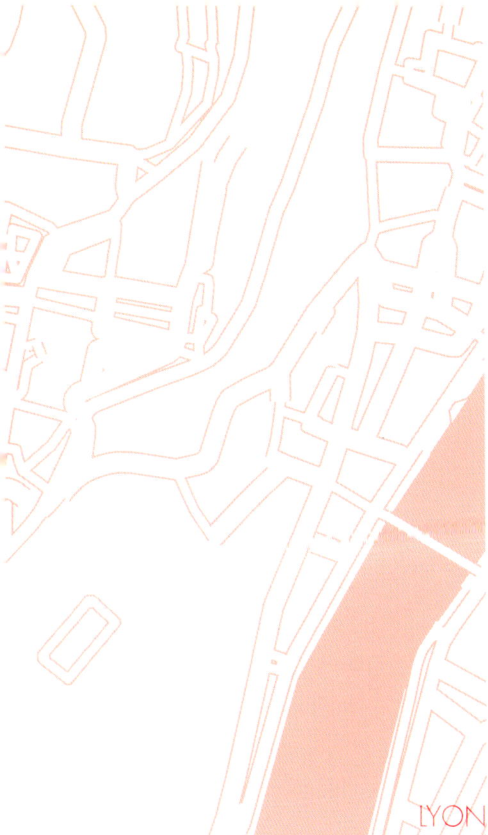

Et puis, il y a l'assassin des taxis : Michel Watrin. À la recherche de la moindre allusion aux taxis, je découvre cette histoire dans les archives du *Journal de Saône-et-Loire*. Le fait divers a lieu dans la France de l'immédiat après-guerre. À 22 ans à peine, encore mineur au moment des faits, Michel Watrin est accusé d'avoir tué par cupidité deux chauffeurs de taxi et il encourt la peine de mort.

Un chroniqueur de l'époque le décrit ainsi :

« Parfaitement habillé en costume bleu, il répond avec une telle franchise et sincérité qu'il inspirerait la pitié si on ne savait pas qu'il a deux morts sur la conscience. C'est un garçon très intelligent. »

Timide, il baisse les yeux, s'excuse, pleure même. Ses avocats insistent sur son enfance difficile, ballotte entre un père et une mère qui ne s'entendaient pas. Ce qui peut le sauver, c'est son attitude. Quand son père, un ancien prisonnier de guerre, est appelé à la barre, il s'accuse lui-même : « Je n'ai pas eu peut-être toute la fermeté voulue avec mon fils. » Quand il regagne sa place, le fils est en larmes, il se lève de son banc et s'écrie : « Papa... papa, je te demande pardon ! »

Mais les minutes du procès décrivent une réalité plus noire. Watrin a accompli ces deux meurtres avec sang-froid et méthode. Après avoir, le 4 décembre 1946, tué le chauffeur de taxi Becker à Gravelotte (Meurthe-et-Moselle) et s'être emparé de son portefeuille contenant une somme de 40 000 francs, il part en cavale et se retrouve à Lyon, près de la gare de Perrache.

C'est là qu'il rencontre Benjamin Teyre, un taxi propriétaire d'une Citroën 9 CV, un modèle très courant, donc difficilement repérable et identifiable. Voilà qui fait parfaitement l'affaire pour ce client fort peu ordinaire. Teyre va chercher les bagages que Watrin a déposés dans un café proche de la gare, passe à son domicile, fait le plein de carburant de son véhicule. Il est 19 heures quand la Citroën s'engage sur la nationale 6, direction Mâcon.

Watrin a sur lui le revolver avec lequel il a éliminé Becker. Quand l'automobile parvient au sud de Varennes-lès-Mâcon, le jeune homme sort discrètement son arme et demande au chauffeur de s'arrêter. Il abat aussitôt ce dernier d'un tir de revolver dans la nuque et pousse le corps dans un fossé. Il découpe la housse du siège tachée de sang à l'aide d'un poignard dont il avait pris soin de se munir et la jette à côté du cadavre. Il s'empare du portefeuille de sa victime, qui contient une petite somme d'argent, mais surtout les papiers du véhicule. Et se met au volant, cap sur Paris.

Il gare le véhicule (dont il a pris soin de démonter le taximètre) et part à la recherche de prêteurs sur gages auxquels il pourra, pense-t-il, proposer la voiture. C'est l'un d'eux qui le dénoncera. Immédiatement, Watrin passe aux aveux et fait le récit complet de ses deux crimes.

Le procureur dresse le portrait d'un enfant perdu : voleur depuis l'enfance et renvoyé de plusieurs établissements scolaires pour ce motif, Michel Watrin aime le luxe, la vie facile. Il déteste travailler et, peu regardant sur les moyens de se procurer de l'argent, il s'est livré au marché noir pendant l'Occupation.

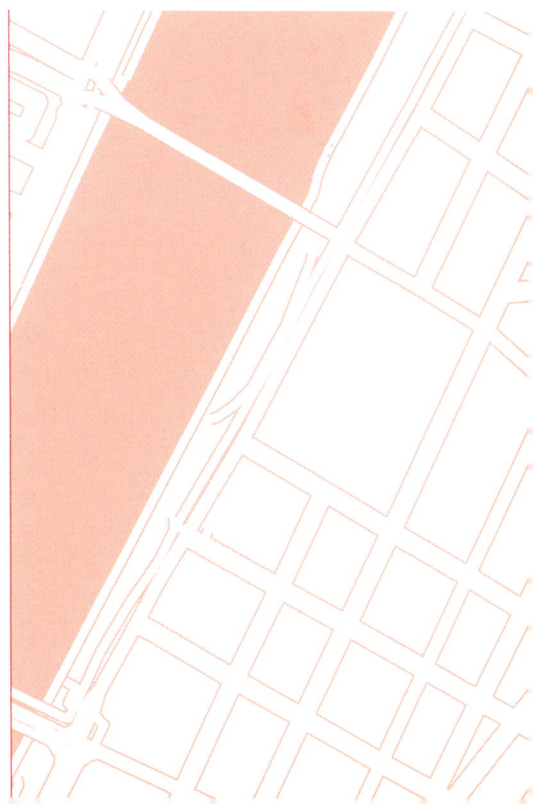

Direction

Service des Renseignements

N° 29528

Compagnie Française des A…

Rapport d'en…

Emplacement réservé à la photographie qui sera collée après l'admission

Concernant Monsieur Pelt…

né le 24 avril 1925 à Villers…

fils de Lucien Maxime et de R…

marié à Mlle Pérez Christian Yola…

divorcé à

enfants (âge et sexe) Joëlle Chantal

Signalement

Taille: 1m76

Cheveux: bruns

Front: découvert

Yeux: gris bleu

Nez: moyen

Bouche: moyenne

Menton: rond

domicile ~~10 rue Émile A…~~

~~9 boulevard Bineau~~

~~156 rue Jules Guesde~~

~~46 Rue Cavé~~, à

26, Rue Vicq d'Azir

Antécédents militaires et Positi…

(Pour les étrangers, indiquer la nationalité avec l…

Engagé volre pour la durée de la guerre le…

Démobilisé le 27 avril 1946.

Signes particuliers

Néant

Instruction : diplômes, grades universitai…

C.E. complémentaires. Bonsu…

Connaissances d'anglais et d'alle…

Situation de fortune (pension ci…

Néant

(1) Pièces d'identité présentées à l'enquête

Extrait de naissance

Carte d'assurances sociales

carte d'alimentation

feuille de démobilisation

Références (personnalités s'intéressant…

Office régional du travail de Pa…

Emploi sollicité

Employé aux écritures, catégo…

Direction

Service des Renseignements

N° 29428

Compagnie Fra…

Rappo…

Emplacement réservé à la photographie qui sera collée après l'admission

Concernant Monsie…

né le 3 Mai 1914

fils de feu Gustave Ve…

marié à Mlle Lev…

divorcé le 22 Juillet 19…

Remarié le 28-8-48 à

3 enfants (âge et sexe)

Signalement

Taille: 1m65

Cheveux: châtain

Front: droit

Yeux: marron

Nez: moyen

Bouche: moyenne

Menton: rond

domicile ~~87 boulev…~~

~~12 boulevar…~~

~~4 rue Fra…~~

120 Ru…

Antécédents milita…

(Pour les étrangers, indiquer l…

Engagé volontaire pour 2 an…

11 ans 1/2 de service. Prison…

Signes particuliers

Néant

Instruction : diplômes…

Certificat d'études pri…

Situation de fort…

Néant

(1) Pièces d'identité présentées à l'enquête

carte d'identité

feuille de démobilisation

carte d'alimentation

Références (personna…

Office régional du…

Emploi sollicité

Réceptionnaire.

des Automobiles de Place

Mod. 317.

d'enquête (1)

Quéruel Constant Armand
Chanu (Orne)
de Marie Françoise Armandine
Bernadette le 24-11-1936 ~~neuf la~~
son bénéfice Jugement du Tribunal de 1re instance de Caen avec la garde des enfants. Marcelle Léontine née ... Bucfard ... Quinton
de, Thérèse, Bernadette, née le 6 avril 1928
ne, Rose, Marie Constance née le 14 avril 1939
fard, Josiane, Marguerite née le 6-7-1936

~~...lesherbes à Paris (8e)~~
~~... Barbusse à Montreuil (Seine)~~
~~... Arago à Pantin (Seine)~~
... Paris à Pantin (Seine)

: Position actuelle sous les drapeaux
...lité avec le No de la déclaration de séjour faite à l'arrivée)
...o. 24 au 129e RI. Démobilisé le 20 Mars 1946
...une le 1940 à 1945. grade Sergent chef

...iversitaires, Établissements ou Écoles suivis, etc)
Études secondaires (9 ans)

...ension civile ou militaire)

...téressant au candidat)
..., 2 bis rue de la Jussienne à Paris

...seur, catégorie A

...le 23 AVRIL 1948

...lité de Réceptionnaire encaisseur, catégorie A — 5200f et 40f ind. de c...

Le Directeur de la Compagnie

Ch. ...

Mouvements

(Promotions, Mutations, Augmentations)

Décision du 31 Mai 1948

...UGMENTATION Réceptionnaire encaisseur classe A. Catégorie A 5830 plus 100 I.
...TATION Réceptionnaire encaisseur Cl. E 2 Catégie A. 6775f + 100 I.C. Arrêté du 29 Juillet 19...
...TATION Réceptionnaire encaisseur Cl. A 1 Catégie A - 7035f + 100 I.C. caisse Coefficient 150
...TATION ——— do ——— A2 Catég A Coefft 150 — 7295f et 100f I
...MENTATION ——— do ——— do ——— 7295f et 200 I.
...ENTATION ——— do ——— do ——— Arrêté du 21 Août 1947 9245f + 200 I.
...TATION ——— do ——— do ——— Arrêté du 31-12-47 12020f + 300f I
...TION taximètreur classe A2 catégorie A - Coefft 150 / 780f — 12800f + 800f ind. caisse
...ATION Taximètreur cl. 4A - Cat. A - Coefft 150 + 780f - 13.465 + 800 I.C.
...TION Taximètreur cl. 4A - Cat. B - Coefft 150 + 780f - 13.785 dont 320 anct + 800 I.
...TION Taximètreur cl. B2 - Cat. B - 20 550 dont 585 ancté + 800 I. caisse
...ATION Taximètreur. cl. B2. cat. B. 22.605 dont 645 ancienneté + 900 I. Caisse
...TION ——— do ——— 25.990 dont 740 ancienneté + 1000 I. Caisse
...TION Taximètreur cl. B2 cat. C. 26.780 dont 1480 ancienneté + 1000 I. Caisse
...TATION taximètreur cl. A1 cat C 29565 dont 1675 fcs ancté
...ATION ——— do ——— 31.660 dont 1.675 ancienneté
...ATION taximètreur A1 - A8 32.220 dont 2235 ancté
...TATION taximètreur A1 A9 32.500 dont 2515 ancté
...ATION ——— do ——— 35210 dont 2720 ancté
...TION ——— do ——— 36325 dont 2870 ancienneté
...ATION ——— do ——— 37000 dont 2870 ancienneté
...ATION taximètreur A1 - A10 38.315 dont 3185 ancienneté
...ATION taximètreur A1 A11 38635 dont 3505 ancienneté
...ATION ——— do ——— 39295 dont 3895 ancienneté
...ATION ——— do ——— 41795 dont 3895 — do —
...TION ——— do ——— 38300 + 4210 = 42510 p. m.

(double page précédente) : Rapports d'enquête de la Compagne française des automobiles de place concernant ses chauffeurs, années 1930 et 1940.

Au contraire, Me Poulachon, du barreau de Mâcon, insiste sur l'évolution de Watrin : depuis quatorze mois qu'il a les fers aux pieds, il a mûri. Me Naud, du barreau de Paris, demande une « étincelle de pitié » pour ce « gamin égaré qui saura se relever ». Il insiste pour que lui soient accordées les circonstances atténuantes.

L'accusé sanglote, embrasse ses avocats et, dans un coin de la salle, son père mord son mouchoir.

Condamné à mort, Michel Watrin sera exécuté le 12 juillet 1950. Ce sera le dernier guillotiné français mineur au moment des faits. Avant de monter sur l'échafaud, il demande à donner ses yeux pour soigner un aveugle. Sa dernière volonté sera respectée.

Et puis, parfois, le taxi est le lieu du crime parfait, celui dont on ne sait pas s'il s'agit d'un assassinat ou d'un suicide.

Dans *M'as-tu vu en cadavre ?*, Nestor Burma déambule boulevard Magenta quand soudain un souvenir lui revient. *« [L'immeuble] s'élevait non loin de l'endroit où, par un après-midi brumeux de novembre 1923, vers quatre heures et demie, était né un des plus troublants mystères de Paris, en admettant que, pour certains, le mystère demeure encore.*

« Ce samedi-là, un taxi, piloté par le chauffeur Bajot, s'était arrêté devant le numéro 126. Les flics, alertés, avaient extrait de la voiture un adolescent mortellement frappé d'une balle à la tempe. Transporté à Lariboisière, le blessé y décédait deux heures plus tard, sans avoir repris connaissance. Cet adolescent au front étoilé se nommait Philippe Daudet, fils du directeur de L'Action française. *»*

C'est le point de départ d'une des affaires politico-policières les plus retentissantes de l'entre-deux-guerres, car l'autopsie ne permit pas de tirer de conclusion définitive sur ce qui avait causé la mort du jeune Daudet et on ne retrouva jamais la balle qui tua le jeune homme, ni dans le taxi ni ailleurs.

La mort inexpliquée de son fils déclencha la colère de Léon Daudet. Il écrivit de nombreux articles dans *L'Action française*, dans lesquels il dénonçait violemment la Sûreté générale, le chauffeur de taxi qui passait pour un indic et le libraire Le Flaouter, chez qui il se trouvait avant de monter dans le taxi, un homme proche des milieux anarchistes.

C'est vrai que Philippe Daudet a frappé à la porte des milieux anarchistes. Le jeune homme rend visite le 24 novembre 1923 à Pierre Le Flaouter, un libraire anarchiste qui sert d'indicateur à la police. Alarmé par les déclarations enflammées de Philippe, qui veut s'en prendre au président de la République, il s'empresse de prévenir les services de la Sûreté générale, qui dépêchent une dizaine d'agents pour l'arrêter. Philippe Daudet est déjà à bord du taxi qui le conduit vers la mort…

Alors, suicide d'un esprit adolescent dérangé et déjà fugueur à de nombreuses reprises, règlement de comptes politique ourdi par le gouvernement contre un de ses meilleurs ennemis, un pamphlétaire à la plume redoutable, ou bien interpellation qui tourne mal ?

Certains émirent l'hypothèse que Philippe Daudet avait pu être tué lors de son arrestation par un agent de la Sûreté et qu'on avait voulu masquer cette bavure… Son père alla même jusqu'à accuser le chauffeur de taxi Bajot, qui défendit son honneur devant les tribunaux, et la mort du jeune homme ne fut jamais élucidée.

Les anarchistes s'étaient très tôt dissociés de l'affaire, prétextant n'avoir jamais été en contact avec Philippe Daudet avant le jour de sa mort. Mais c'est parmi eux que cette mort eut le plus de retentissement. À l'image de Léo Malet, le futur créateur de Nestor Burma, qui, très impressionné par ce fait divers, décida de rallier la cause anarchiste et de rencontrer André Colomer, le fondateur du journal *L'Insurgé*. C'est là qu'il commença à écrire.

Il fallait bien que Nestor Burma rende hommage à celui, Philippe Daudet, qui l'avait involontairement fait naître en révélant à Léo Malet sa vocation à écrire des histoires policières où se mêlent flics ripoux, maquereaux et politiques, avec Paris comme décor naturel.

CRIME

parfois assez grossier, mais dont les réussites sont certaines. Il a une manière inimitable d'aborder les femmes, d'obtenir des rendez-vous, de se servir d'elles. Il note sur un carnet toutes ses bonnes fortunes. Il m'a montré ce carnet. Il y a trois cents noms pour moins de deux ans, et beaucoup de ces noms m'ont fait sursauter.

Au moment où sa situation est la plus florissante il a trois maîtresses en titre. Une qu'il aime, la seule femme pour laquelle il ait jamais eu de la tendresse. C'est une Canadienne, Mlle D... Elle est honnête, elle sait qui il est, elle l'aime cependant. C'est le seul point humainement émouvant de la vie d'Achour.

Il a encore une vieille Anglaise qui lui donne beaucoup d'argent. Enfin une jeune femme divorcée qui n'est ni riche ni jolie, mais qui a aux yeux d'Achour un mérite inappréciable. Elle est la cousine d'un haut fonctionnaire de la police.

Naturellement il n'opère pas souvent à Paris où la surveillance est sévère et où on finirait par le reconnaître, dans les hôtels. Il préfère faire le tour des stations balnéaires, où, mêlé à la foule cosmopolite qui passe, roule, disparaît, il peut rester inaperçu.

Pourtant une région lui est défavorable, Vichy. Il y va un été, descend dans un palace. Dès la première nuit il entre par la fenêtre dans la chambre d'une jeune Américaine. Il la croit endormie, s'approche de la coiffeuse, s'empare du coffret à bijoux. La jeune fille ne dormait pas. Elle allume, braque un revolver sur Achour, appelle. Les valets accourus conduisent le faux Saint-Yriex chez le commissaire.

Il fait un mois de prison préventive. A l'audience du tribunal correctionnel on lit la déposition de l'Américaine, repartie entre temps pour son pays. Cette déposition est confuse, la jeune fille parlant fort mal le français. Achour réussit à persuader les juges qu'il venait chez cette femme non pas en voleur mais en soupirant. On le relâche.

C'est ici que se place le vol Fakry Pacha dont il vient de s'accuser et qu'il m'avait raconté par le menu il y a longtemps :

Le 2 février 1927, le ministre d'Egypte à Paris, Fakry Pacha, qui occupe un appartement de plusieurs pièces, à l'hôtel Majestic, avenue Kleber, sort après le dîner pour aller à un bal, à l'Opéra. Seule reste dans l'appartement une petite servante égyptienne. Elle-même s'absente une demi-heure. Au moment où elle va rentrer elle voit dans le couloir un jeune homme en smoking, nu-tête, qui sort de la chambre de l'ambassadeur. Elle l'interpelle, il s'excuse en souriant :

« Je suis confus. J'habite l'étage au-dessus, je me suis aperçu que je m'étais trompé seulement quand j'ai eu ouvert la porte. »

Et il s'éloigne, désinvolte.

Au matin, Fakry Pacha, en se couchant, constate qu'on lui a volé dans un tiroir tous ses bijoux. Il y en a pour 1.200.000 francs.

L'enquête dure un mois. A part sa rencontre avec la servante, le voleur n'a laissé aucune trace. A la fin, le commissaire Barthélemy se décide à s'en tenir à son intuition.

« Ce coup porte la marque d'Achour », dit-il. Et il le fait arrêter un soir, chez lui.

Pierre d'Harcourt entre dans le cabinet du commissaire, au troisième étage du quai des Orfèvres. Il salue.

« Bonjour M. Barthélemy. Rare d'avoir l'occasion de vous serrer la main. Voyons, de quoi s'agit-il. Si c'est une affaire de moins d'un million, ce n'est certainement pas moi. Si c'est plus d'un million, c'est peut-être moi. »

— Asseyez-vous, Achour, il s'agit de plus d'un million. C'est vous qui avez volé les bijoux de Fakry Pacha.

— Je suis désolé, M. Barthélemy, mais ce n'est pas moi. »

On fait entrer la servante égyptienne. A la vue d'Achour, elle bondit.

« C'est lui, j'en suis sûre, je le reconnais. »

On le fait parler, elle reconnaît la voix, elle reconnaît le regard, la cicatrice, elle reconnaît tout, elle est formelle. Le commissaire a un sourire.

« Allons, Achour, cette fois, vous êtes pris. »

Et il lui fait passer la nuit dans les chambres de sûreté. Le lendemain, avant de l'envoyer au dépôt, il l'interroge encore. L'Algérien nie toujours.

« Enfin, dit le policier, excédé, que faisiez-vous donc le 2 février dernier, à onze heures du soir ?

— Comment voulez-vous que je me souvienne. Est-ce que vous pourriez dire ce que vous faisiez, vous ?

— Précisément, le 2 février, Achour, est une date que tout Parisien peut facilement retrouver dans sa mémoire. C'est le soir du Bal des Petits Lits blancs, à l'Opéra.

C'est ici qu'éclate cette sorte de génie du réflexe qui fait les champions, et aussi bien dans l'art de la cambriole. Achour se lève d'un élan.

« Je suis sauvé, M. le commissaire. Je me souviens maintenant. J'y étais à ce bal. J'y étais même avec une amie que je n'ai pas quitté de sept heures du soir à cinq heures du matin. Vérifiez, mais vérifiez discrètement. Cette amie est une femme mariée, et une femme du monde. »

Un inspecteur courut à l'adresse indiquée. Est-il maladroit, pose-t-il mal sa question, permet-il à l'amie de deviner qu'il fallait dire oui pour sauver Achour et, amoureuse, mentit-elle ? Ou bien Achour avait-il à l'avance prévu son arrestation et préparé ce coup de théâtre ? Je ne sais pas. Toujours est-il que la dame répond : C'est vrai.

Discuter l'alibi eût soulevé un scandale et n'eût servi à rien. M. Barthélemy, rageur, doit mettre Achour en liberté.

Un peu après, brusquement, le roi des rats d'hôtel a une défaillance. Il est las de la vie qu'il mène. Je le rencontre un soir, usé, amer, presque sans argent. Il me déclare avec emphase qu'il veut redevenir honnête, racheter son passé. Je l'exhorte à travailler. Quelques jours après, il m'apprend qu'il a réussi à entrer dans la police. Un commissaire de la Sûreté générale, qui le connait, a bien voulu lui donner une chance. Pierre d'Harcourt, redevenu Achour, mis au service du contre-espionnage, placé au bureau d'études d'une grande usine pour surveiller si aucun agent étranger ne rôde autour des plans, est policier pendant trois mois.

Puis, l'aventure le reprend. Il abandonne son nouveau métier, se refait cambrioleur. Quand je le revois, à la fin de l'année, il a de nouveau des autos, des maîtresses, un appartement somptueux. Un jour, partant pour « une grande tournée de villes d'eaux », il vient me dire adieu. Je ne devais plus jamais le revoir.

En passant à Bordeaux, pressé d'argent, il commet une imprudence, la première, il apporte un bijou volé au Mont-de-Piété. La police l'identifie tout de suite. Il est déjà reparti. Le mandat d'arrêt le suit et une semaine après, à Furnes, en Belgiqu[e] l'arrête.

Il m'écrit alors une lettre désespéré[e] orgueil est brusquement brisé. Il c[...] jouer les Arsène Lupin, les cambrio[...] sympathiques, les aventuriers qui o[...] galerie pour eux, il n'avait vraiment [...] au châtiment. Où était le ton insouci[...] frénétique à la fois de l'Achour qui av[...] comme maîtresse des femmes de class[e] comédiennes célèbres, des vedettes de [...] ma, l'Achour qui voulait à un moment [...] niser un raid en avion de Jérusalem à [...] York avec escale sur la place de l'Eto[...] Paris, pour la glorification de la race j[...] Il avouait que sa vie était brisée, qu'il [...] un misérable et un sot. Il me suppliait [...] tervenir auprès de n'importe qui pou[...] éviter le transfert de Furnes à Bordea[...] wagon cellulaire, le cercueil de fer. Il [...] posait de payer aux gendarmes, ses gar[...] le voyage en automobile.

A Bordeaux, il fut condamné à cin[...] de prison. La cour de cassation casse [...] gement pour faiblesse du dossier et re[...] l'affaire devant la cour d'appel d'Agen [...] confirme la décision des premiers juge[s]

Achour entre à la maison d'arrêt d'[...] Au début, il m'écrit. Puis, ses lettres s'[...] cent, cessent de m'arriver. La broyeus[e] prison l'a assommé, comme les autre[s] n'ai plus eu de nouvelles de lui jusqu'à l'[...] jour, où son avocat Frantz Moreteau est [...] stupéfait lui-même, m'apprendre qu'à la [...] de son étonnante confession, il avai[t] transféré d'Agen à Poissy, puis à Paris [...] Santé, et que le juge Glard, en possessi[on] dossier, avait commencé une instructio[n]

Voilà quel est celui qui prétend s'im[...] comme le personnage essentiel dans [...] prodigieuse énigme de l'affaire Daude[t] je vais essayer d'exposer simplement, [...] tivement.

On exhume au Père Lachaise le corps de l'enfant.

Le drame devait aboutir à la condamnation de Léon Daudet, que le Préfet de [...] vint lui-même arrêter à l'Action Française où il s'était barricadé.

Au cours du procés, les magistrats et les jurés se transportèrent dans la bou[...] du libraire Le Flaoutter où se reunissaient les libertaires.

Le chauffeur Bajot et son taxi tragique où vint mourir Philippe Daudet.

Hebdomadaire *Détective*, 1931.

OU SUICIDE ?

L'AFFAIRE PHILIPPE DAUDET

dimanche 25 novembre 1923, les jour- du matin publiaient dans la rubrique 'aits-divers, sous le titre général : Les pérés, les trois lignes suivantes :
Jn jeune homme d'une vingtaine d'an- a tenté de se suicider, boulevard Ma- , dans un taxi, en se tirant une balle volver dans la tête. Etat grave. A Lari- ère. »
désespéré mourut dans la nuit. Le len- in, on apprenait la mort de Philippe et, fils de Léon Daudet, le leader roya- Le jeune homme (il avait quinze ans) disparu du domicile de ses parents de- cinq jours. En lisant le fait-divers, Mme et avait eu un terrible pressentiment et Daudet, accouru à Lariboisière, avait nu le corps de son fils.
Le malheureux s'est suicidé », dit lui- e, à ce moment, le directeur de l'Action çaise. Et, comme il était inutile de don- le la publicité à cette douloureuse affai- s journaux du 27 se bornèrent à signa- décès « après une courte maladie » du e Léon Daudet.
nterrement eut lieu le 29 à l'église St- ias-d'Aquin, puis au Père-Lachaise. Et aison des Daudet se referma sur le deuil. is trois jours après, c'était le coup de re. Le journal anarchiste, *Le Libertaire*, ait un numéro spécial dans lequel il rtait un document étonnant à l'explica- de la mort de Philippe Daudet.
orges Vidal, directeur du *Libertaire*, y nait que le petit Philippe était venu le er quelques jours avant sa mort, lui avoué que « dégoûté de la société ac- », il avait embrassé la foi anarchiste i avait remis une lettre en le priant de rir dans le cas où il lui arriverait mal- Il était parti sans dire son nom. Cette était ainsi rédigée.

« Ma mère chérie,

rdon pour la peine immense que je te mais depuis longtemps déjà, j'étais chiste sans oser le dire. Maintenant ma m'a appelé et ois qu'il est de devoir de faire ue je fais.
t'aime beau-

PHILIPPE. »

S. — Embrasse les gosses de part.

Dès qu'il eut connaissance de cet article, Léon Daudet adressa au Procureur général une plainte contre X... en assassinat.

Le surlendemain, il confirmait dans les formes légales sa double plainte contre X..., en assassinat et contre les anarchistes en détournement et séquestration de mineur.

Comme une flambée, l'affaire Philippe Daudet commençait.

■ ■ ■

Tout de suite l'opinion se passionna. Tout y contribuait, la puissante personnalité de Léon Daudet, le débat idéologique engagé par les extrémistes d'*Action Française* et du *Libertaire* autour du cadavre d'un enfant. En quarante-huit heures, l'âme, les tendances de Philippe furent impitoyablement fouillées, disséquées.

Le fait certain, c'est qu'il était un malade. Nerveux, impressionnable à l'excès, il avait toujours pour ce qui est de sa santé donné du souci à ses parents. Depuis deux ans, il avait même une affection caractérisée, une tendance maladive à la fugue.

Et ainsi, le mardi 20 novembre, quelques jours après être revenu de passer un mois en Provence, avec son père, il disparaît. Il emporte environ quinze cents francs avec lui.

Il prit aussitôt le train pour le Havre, descendit, place Gambetta, à l'Hôtel Bellevue où il s'inscrivit sous le nom de Pierre Bouchamp. Il portait une casquette grise avec un pardessus marron. On lui donna pour huit francs une petite chambre d'où il pouvait voir le port de commerce. Il passa là toute sa soirée, à regarder les mâts des navires. Il se laissa même aller à bavarder avec le valet de chambre, lui confiant qu'il s'était enfui de chez ses parents et qu'il avait l'intention de s'embarquer pour le Canada. Le lendemain il va se renseigner dans des Compagnies de navigation sur les chances qu'il aurait d'être embauché comme ouvrier électricien à bord d'un paquebot. Puis, comme tout le monde le décourage, brusquement, il rentre à Paris.

Normalement il devrait rentrer à la maison. Mais cette fois la crise est plus grave. Philippe a perdu son équilibre, sa volonté. Le jeudi après-midi il va au *Libertaire*, 9, rue Louis-Blanc. Georges Vidal le reçoit. Philippe, très exalté lui fait pendant deux heures sa profession de foi anarchiste. Il part à six heures, revient à 7 heures 1/2.

Le lendemain vendredi, à onze heures du matin il est de nouveau là. Il semble être décidé à partager la vie des anarchistes.

La nuit il demande l'hospitalité à un couple d'anarchistes, Gruffy et Marcelle Weil.

Boulevard Beaumarchais il y a une petite boutique de librairie. Elle était tenue à cette époque par Le Flaoutter, anarchiste mais aussi indicateur de police. C'est chez lui que Philippe était allé vendredi soir. Il lui parle sur un ton passionné, lui affirme qu'il voulait faire un « grand coup », commettre un attentat contre un personnage politique, Millerand ou Poincaré. Puis il finit par acheter un exemplaire des *Fleurs du mal* et s'en alla. Le Flaoutter se hâta de prévenir la police de cette étrange visite.

Le lendemain, au début de l'après-midi, Philippe revient. Il entre en coup de vent dans la boutique, se précipite sur Le Flaoutter :

« Votre maison est surveillée. Cachez-moi ! »

En effet la Sûreté Générale a envoyé des inspecteurs pour étudier les agissements du jeune homme « donné » par Le Flaoutter. Ils sont onze pour cet enfant de quinze ans. Le Flaoutter le calme comme il peut. A quatre heures, Philippe s'enfuit.

En courant, sans doute, il arrive place de la Bastille. Un taxi passe, il l'appelle. C'est une vieille voiture Brasier, que conduit le chauffeur Bajot.

Bajot voit approcher ce client, remarque d'un coup d'œil ses vêtements fripés et par contraste son jeune visage pâle et ardent.

« Au cirque Médrano », crie Philippe.

Bajot prend les boulevards, après, le boulevard Magenta. Brusquement il entend derrière lui une détonation. Il se retourne. Son voyageur est étendu sur la banquette, ensanglanté. Le chauffeur s'arrête, et, sans descendre de son siège appelle un agent. On ouvre la portière. Philippe râle. L'agent monte dans la voiture, on atteint une pharmacie. Que peut faire un pharmacien pour une tempe trouée ? On remonte le blessé dans le taxi et on le transporte à Lariboisière.

Et le lendemain, après la mort, avant la visite de Léon Daudet à Lariboisière, alors que le petit cadavre, dans son lit de fer n'est encore qu'un suicidé inconnu, un homme à barbe noire vient se pencher sur lui.

« Non, dit-il, je ne le reconnais pas. Ce n'est pas celui que je croyais. »

Il l'a bien reconnu, pourtant, Le Flaoutter.

La lutte s'engage, violente entre l'*Action Française* et le *Libertaire*. Il n'est pas possible que Philippe se soit suicidé, dit Léon Daudet. Jamais mon fils n'avait eu d'idées anarchistes. Toute la fameuse profession de foi est imaginée par Vidal, comme les projets insensés qu'on prête à mon malheureux enfant. Il a en réalité été attiré dans un véritagle guet-apens. On l'a séquestré, on l'a tué.

Et Vidal de répliquer dans le *Libertaire* : « Tout ce que j'ai avancé le premier jour est la vérité. A aucun moment, je n'ai fait pression sur l'enfant, je ne l'ai menacé, je ne l'ai contraint à rester. Dix témoins disent qu'il était gai et confiant quand nous dînions ensemble au restaurant. Ce n'est pas la coutume chez nous d'interroger les aigris, les malheureux qui viennent se réfugier parmi nous. Le nom de l'enfant m'importait peu. »

Et, un matin, au cimetière du Père-Lachaise, on exhuma le cercueil, on le transporta à l'Institut médico-légal où les docteurs Paul, Socquet et Balthazard firent l'autopsie. Ils remettaient un peu plus tard au juge Barnaud le rapport suivant :

« Mort déterminée par coup de feu dans la tempe droite. Rien dans la constatation de l'autopsie ne permet de s'opposer à l'admission de l'hypothèse du suicide. »

Et désormais, la justice ne varia plus dans cet avis. Pour elle, Philippe Daudet s'est suicidé.

■ ■ ■

J'ai voulu, aujourd'hui, énoncer cette thèse, thèse de la police et de la justice. Je m'arrête à ce point où l'aventure devient effarante, où Léon Daudet accuse la police politique du meurtre de son enfant et le chauffeur Bajot de complicité, où il est condamné pour diffamation, où il se rend avec sa garde de camelots du roi au préfet, M. Chiappe, où il s'évade de la Santé, où il part pour l'exil (nos photographies évoquent tout ceci). Ce sera l'objet du prochain article : La thèse de l'assassinat, thèse de l'*Action Française*.

Et cependant, emmené devant son juge, M. Glard, Edmond Achour vient de raconter, lui, d'une voix calme : « Je faisais partie de l'organisation anarchiste lorsque Philippe Daudet est venu se joindre à nous. Nous avons eu peur qu'il nous trahisse. J'ai été choisi pour l'exécuter. »

■ ■ ■

Quand donc l'enfant désespéré ou assassiné, l'enfant mort pourra-t-il dormir en paix ?

Paul BRINGUIER.

Le service d'ordre contient la foule devant le palais de justice après le verdict qui avait condamné Léon Daudet.

Au cours du procès, voici une attitude de Léon Daudet et une autre de l'anarchiste Le Flaoutter.

TAXI DE NUIT

Le taxi est un métier dangereux, surtout quand on l'exerce de nuit. C'est sans doute Gaïto Gazdanov qui livre le plus beau témoignage de taxi de nuit dans *Chemins nocturnes*, paru en 1991.

Né en 1903 à Saint-Pétersbourg, il est devenu, comme beaucoup de ses compatriotes exilés, on l'a vu, taxi à Paris. Son roman raconte l'histoire d'un chauffeur russe qui hésite entre résignation face à son destin et indignation contre la société. *« Dans ce Paris nocturne, je me sentais tel un homme sobre en compagnie de saoulards. »* Il circule dans Paris comme un voyageur en terre étrangère, allant de maison close en bal russe. Des oasis de lumière que sont Montparnasse ou les Grands Boulevards dans le désert de pierres de la ville, il voit émerger des figures misérables : prostituées, petits truands, acteurs de cabaret misérables qu'il ramène au petit matin à bord de son taxi et qui le désespèrent : *« Auparavant, j'avais une meilleure opinion des hommes. »*

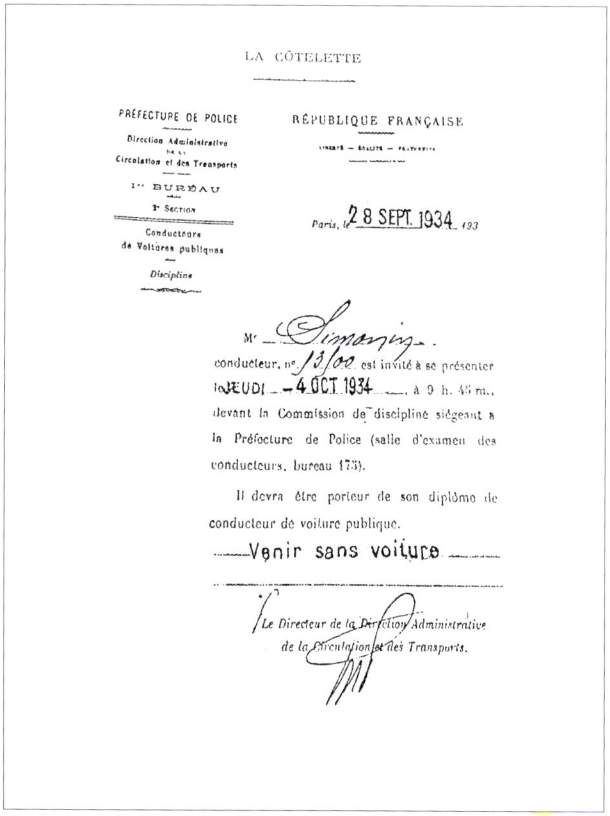
LA CÔTELETTE

PRÉFECTURE DE POLICE
Direction Administrative de la Circulation et des Transports
1er BUREAU
2e Section
Conducteurs de Voitures publiques
Discipline

RÉPUBLIQUE FRANÇAISE

Paris, le 28 SEPT. 1934 193

Mr Simonin

conducteur, no 13100 est invité à se présenter le JEUDI – 4 OCT 1934 à 9 h. 45 m., devant la Commission de discipline siégeant à la Préfecture de Police (salle d'examen des conducteurs, bureau 175).

Il devra être porteur de son diplôme de conducteur de voiture publique.

Venir sans voiture

Le Directeur de la Direction Administrative de la Circulation et des Transports.

Il faut dire qu'à cette époque les nuits parisiennes rassemblent une faune interlope, des hommes et des femmes entre deux eaux. Albert Simonin connaît bien ces gens-là.

Avant de devenir un scénariste et un écrivain à succès, Albert Simonin a fait tous les métiers : il a été fumiste, électricien, vendeur de perles et même calicot. Mais c'est son expérience de chauffeur de taxi de nuit qui va le sortir définitivement de la misère.

Il la raconte dans *Voilà taxi*, un reportage-roman paru en 1935 aux éditions Gallimard et écrit avec son compère Jean Bazin. Tous deux décrivent leur passé de taxi de nuit en utilisant le langage de la rue, cet argot du Paris de l'entre-deux-guerres qui sera jusqu'à *Touche pas au grisbi*, *Le cave se rebiffe* et bien sûr *Les Tontons flingueurs* la marque de fabrique de Simonin. Comme il disait, « le peuple a sa poésie et c'est l'argot ». À tel point qu'à la fin de son livre il prend soin d'ajouter un glossaire. C'est le premier en France et il fera date.

Voilà taxi débute à Montparnasse, devant la Rotonde, là où se trouve aujourd'hui encore une des stations de Paris les plus fréquentées. Un jeune déclassé qui s'est mis dans le taxi le jour même découvre les joies du métier : la liberté, l'indépendance. Il rencontre aussi ses premiers collègues : tous les « noirots », ces hommes de la nuit qui ne sont taxis que pour fuir le jour. Ils s'appellent « Mon oncle », « Cent kilos », « Popoff », « Latrique », « La Taupe », « Gros Lion », « Petit Juif », « le Barbu » ou encore « Louis les belles dents »...

La nuit, c'est un métier. Les gens sont plus détendus, les pourboires plus importants. Un peu comme les dimanches.

Celui qui l'initie, Charlot, n'est pas tendre, mais il lui enseigne les combines : *« Fais-toi un peu la main à la G7 jusqu'à ce que tu sois sûr de n'plus froisser d'ailes. Et puis après, viens à la bricole. Là les hommes t'affranchiront. »* À l'époque, la G7, c'est la Sécurité sociale avant l'heure. Sans être salarié, c'est l'assurance de gagner correctement sa vie avec les courses des habitués.

La bricole, c'est plus aléatoire, on peut faire des « copeaux », des petites courses. Travailler pour rien toute une nuit. Et puis c'est le bonheur, un client laisse un gros « pourliche ». En argot des taxis, on appelle ça le « département du Doubs ».

« À vrai dire, le taxi, à l'époque, c'était une Légion étrangère civile rassemblant les inclassables, les dégoûtés, les déchus, les révoltés et les aventuriers pacifiques. »

On fait le taxi en attendant mieux, en mettant de côté, avant de « faire un bob », autrement dit de monter un boxon, un bordel. Évidemment, ce ne sont pas des enfants de chœur ces chauffeurs-là. Il y a les minars, ceux qui s'épuisent à la mine, derrière leur volant. Et puis, il y a les profiteurs du système, les truands du taxi, les « planqueurs ». Ceux-ci sont plus malins, ils font peu de courses mais ils empochent pas mal. Ils travaillent au bouchon avec les restaurants et les cabarets.

Comme le dit Simonin, *« le taxi est de ces professions où l'on se corrompt facilement »*. Mais la corruption ne vient pas que du milieu et des malfrats. Quand les flics ont besoin de bons tuyaux, ils savent toujours où trouver les bons indics : à la station de taxis la plus proche.

On raconte aujourd'hui encore comment les concierges d'immeuble et les taxis parisiens restent une source d'information fiable pour la préfecture de police, même à l'heure d'Internet et des dispositifs embarqués pour écouter les téléphones portables.

Chacun a son histoire de taxi mouchard et même si – comme dans *Les Tontons flingueurs*, sorti en 1963, le plus gros succès d'Albert Simonin en tant que scénariste, bien aidé par Michel Audiard pour les dialogues – le radio-taxi de la G7 prévient : « Si la petite dame me voit, j'aurai le mauvais rôle », le conducteur de « taclard » n'est pas toujours rétif à balancer…

De tout temps, les flics savent se servir des taxis, ils s'appuient sur eux, ils les utilisent, au point parfois de devenir taxis eux-mêmes. Ce n'est peut-être pas un hasard si Georges Simenon a nommé un de ses premiers policiers l'« inspecteur G7 ».

Sous le pseudo de Georges Sim, qu'il utilisa au début de sa carrière, il publie en septembre 1929, en feuilleton, les aventures de l'inspecteur dans un format inédit : 13 courtes enquêtes où le narrateur accompagne l'inspecteur sur les lieux du crime. Pourquoi G7 ? Parce qu'il circule à bord d'une voiture rouge de la compagnie. Qui est-il ? Un vrai taxi ou une grosse légume de la Sûreté générale dont il vaut mieux taire l'identité parce qu'il porte un nom connu, trop connu dans la police ?

On ne sait pas, mais l'inspecteur G7, c'est un peu Maigret avant Maigret, un flic tout en déduction, autant psychologue que sociologue, qui écoute plus les tenanciers de café et les chauffeurs de taxi que les experts. Autre époque, autres mœurs…

Ce qui reste, c'est le bagout des taxis de nuit.

Dans *Un taxi nommé Nadir,* la magnifique bande dessinée de Romain Multier et Gilles Tévessin publiée en 2006 chez Actes Sud, on suit un chauffeur, à travers Paris la nuit, le souterrain des Halles, les quais encore en circulation, le 20e, son arrondissement qu'il aime tant.

Nadir fait partie de ceux qui, pour rien au monde, ne conduiraient la journée. *« Vous savez, la nuit, c'est pas pareil, y a personne qui vous dit : "Dans dix minutes, je dois être à la gare de Lyon." Les gens sont détendus, on peut parler de plein de choses et là je me suis dit : "Tu tiens ton truc, le taxi c'est ça." »*

Les lieux, les gens… Nadir aime son métier, même s'il est dur. La nuit, il transporte des vieux, des moches, des qui sentent mauvais, des qui rotent dans son taxi, qui pètent, qui vomissent.

Décidément, la faune de la nuit, ça sent mauvais.

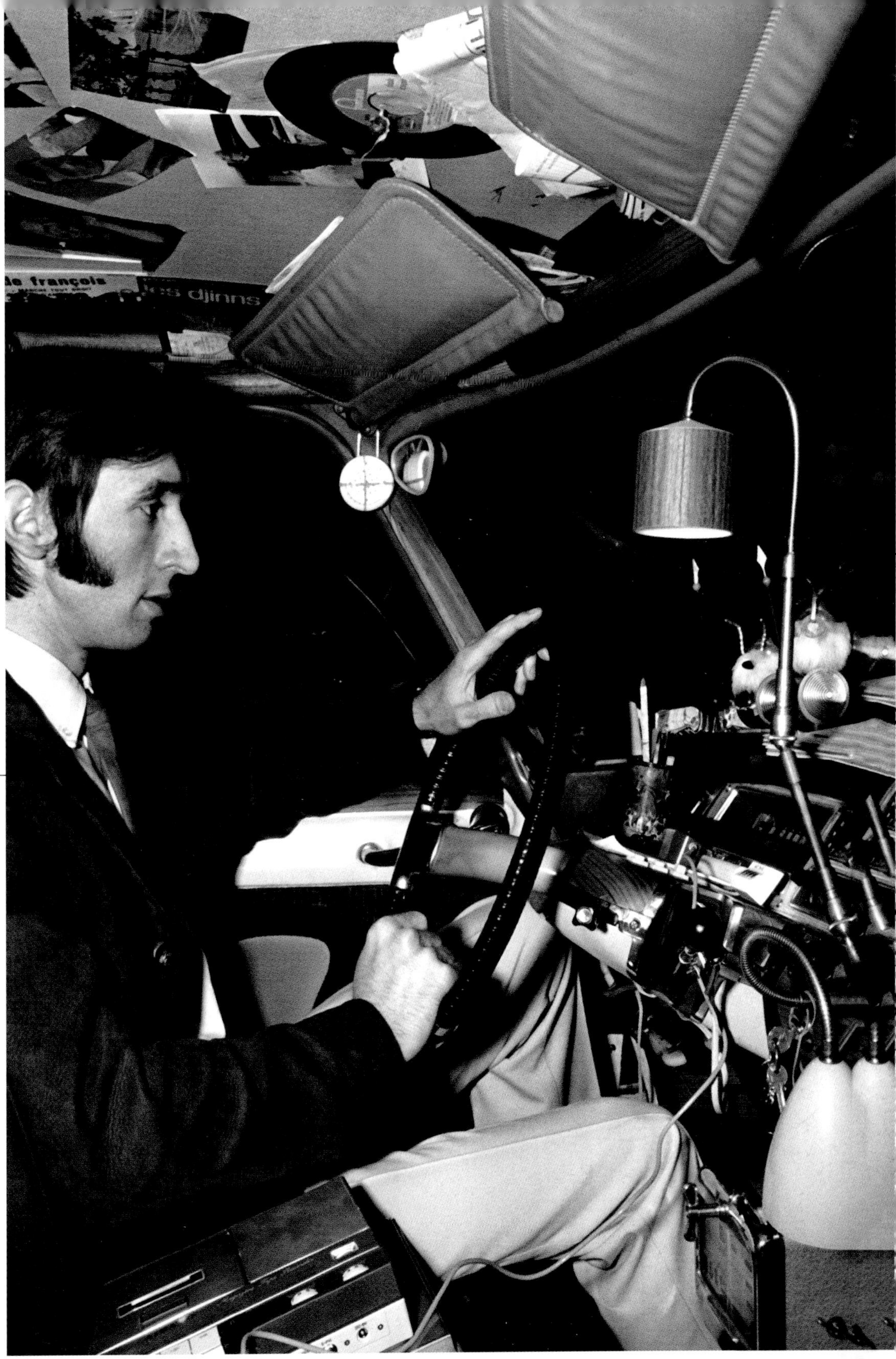
françois
les djinns

UN TAXI POUR MARSEILLE

« Pour une étude des rues de New York, j'avais dessiné pour m'amuser des petits taxis volants en arrière-plan... », raconte dans son livre de souvenirs Jean-Claude Mézières, le célèbre auteur de BD, créateur de *Valérian*.

On sait Luc Besson fidèle lecteur de cette série de science-fiction, qu'il adaptera en 2017 au cinéma. Quand il fait appel au dessinateur en 1991 pour les décors de son prochain film, il repère immédiatement sur les planches ces drôles de taxis, les « limouzingues »... Luc Besson les veut à tout prix dans son film : l'idée lui plaît, le graphisme colle parfaitement à l'imaginaire du *Cinquième Élément* et puis il se dit sans doute que ce type de taxis ne devrait pas tarder à exister.

En 1997, un chauffeur d'un nouveau genre naît donc à l'écran. Incarné par Bruce Willis, Korben Dallas est le premier taxi volant de l'histoire du cinéma. Embrigadé malgré lui dans une guerre intergalactique, il tente de sauver le monde et tombe sous le charme de Leeloo, une créature à la beauté et aux pouvoirs surnaturels, incarnée par la magnifique Milla Jovovich.

Le film est un immense succès. Il rapporte à Luc Besson plus de 250 millions de dollars et trois César : celui du meilleur réalisateur, celui de la meilleure photographie et celui des meilleurs décors. C'est le début d'une *success story* sans précédent entre le réalisateur français et les taxis.

Direction Marseille, où, on le sait, rien n'est comme ailleurs. La ville, magnifique, cosmopolite et solaire, est connue pour son accent, sa violence et ses particularismes dont... les taxis font partie.

Leur organisation est originale et leur influence est encore aujourd'hui réelle, y compris en matière politique... Ici, le monde des taxis se sépare en deux : ceux qui ont acquis le droit d'aller chercher des clients à l'aéroport de Marignane et ceux qui en sont privés.

Le directeur de la Sécurité sociale se bat chaque année, et parfois même au sens propre, pour faire admettre aux organisations syndicales les évolutions tarifaires des courses remboursées.

Il faut dire qu'en province le transport de malades assis est une source de revenus importante pour les taxis.

Luc Besson ne s'y est pas trompé quand il a fallu choisir une ville pour décor à son projet de film sur les taxis. Au-delà du soleil et du charme naturel de Marseille, qui en ont fait, après Paris, la deuxième ville de France pour le nombre de tournages cinématographiques, et qui aime les taxis autant qu'elle aime le cinéma. Avec son port et ses gigantesques paquebots en plein cœur de la ville, avec les clameurs de son stade et le labyrinthe de ses quartiers, avec ses autoroutes urbaines et ses plages au milieu de la ville, traverser

TAXI
MARSEILLE
TAXI
LUC BESSON PRESENTE UNE PRODUCTION ARP
SAMY NACERI - FREDERIC DIEFENTHAL - TAXI - UN FILM DE GERARD PIRÈS
MARION COTILLARD - MANUELA GOURARY - EMMA SJOBERG - BERNARD FARCY SCENARIO LUC BESSON MUSIQUE IAM
JEAN-PIERRE SAUVAIRE DECORS JEAN-JACQUES GERNOLLE SON VINCENT TULLI MIXAGE VINCENT ARNARDI DIRECTEUR DE PRODUCTION BERNARD GRENET
MICHELE ET LAURENT PETIN ARP TF1 FILMS PRODUCTION - STUDIO CANAL + STUDIO IMAGES 4

TAXI
MARSEILLE
A
B
C

Marseille à bord d'un taxi est un voyage extraordinaire, même quand il est conduit à vitesse réglementaire !

Pas un hasard non plus si Luc Besson a choisi Gérard Pirès pour réaliser le premier film de la série, *Taxi*, en 1998. Le réalisateur, qui n'avait pas tourné depuis longtemps, avait tapé dans l'œil du producteur avec sa pub pour Peugeot qui mettait en scène une 205 GTI bombardée par un avion. *« Un scénario intitulé* Taxi, *ça vous dit ? »* Quand Luc Besson lui tend le projet qu'il a écrit lui-même, Pirès accepte sans hésiter. Mais huit jours avant le tournage, il se casse le bras en tombant de cheval. C'est un autre Gérard, Gérard Krawczyk, qui est appelé à la rescousse.

Luc Besson est sûr de lui : le film va être un gros succès. Il réécrit sans cesse le scénario et les dialogues pour les améliorer, il choisit un casting inédit et étonnant : Frédéric Diefenthal et Samy Naceri, qu'il fait répéter lui-même. Les deux hommes ne se connaissent pas, tout les oppose, ils deviendront amis.

L'intuition de Luc Besson s'avère juste et même payante. *Taxi* est un immense succès populaire et la série une formidable *cash machine* pour la production. Le premier film réalise 6,5 millions d'entrées. Le suivant dépasse les 10 millions d'entrées. On estime le montant des recettes à 100 millions de dollars. EuropaCorp, la maison de production qu'il vient de lancer, touche d'entrée le jackpot.

Malheureusement, tout ne se passe pas comme prévu. Sur *Taxi 2*, un accident mortel a lieu lors d'une scène de cascade pourtant réglée par le spécialiste français Rémy Julienne. Après un vol plané dans les airs, le taxi doit retomber sur un lit de cartons chargé d'amortir sa chute. Hélas, il atterrit 15 mètres plus loin, fauchant le cameraman Alain Dutartre.

Le film est truffé de références à une autre saga cinématographique : *Star Wars*, à tel point que le chauffeur de taxi Daniel Morales (interprété par Samy Naceri) compare les méthodes de la police marseillaise à celle des acteurs de la Force...

Dans *Taxi 3*, réalisé en 2003, le taxi Peugeot 406 se transforme en bolide sur neige, à la poursuite d'un gang de Pères Noël. La naïveté du scénario n'empêche pas le film de franchir la barre des 6 millions d'entrées.

Taxi 4 fait la part belle au football avec une arrivée spectaculaire du taxi au stade Vélodrome, ce qui n'empêche pas le film de réaliser une (relative) contre-performance avec 4,5 millions d'entrées.

Enfin, *Taxi 5*, sorti en avril 2018, décrit l'ascension politique du mythique commissaire Gibert, joué depuis le début par Bernard Farcy.

Avec cette saga, Luc Besson a donné à Marseille et au taxi, deux valeurs sûres du septième art, l'occasion d'écrire une nouvelle page du cinéma français populaire.

AXI

CHAUFFEURS
DE TAXIS
la lutte
continue

7.
LEUR MAUVAISE RÉPUTATION

C'est un fait acquis : le chauffeur de taxi est détesté.
« À New York les taxis sont jaunes, à Londres ils sont noirs, à Paris ils sont cons. »
Cette phrase de Frédéric Beigbeder tirée de *Vacances dans le coma* résume à elle seule la mauvaise réputation des chauffeurs parisiens. Pourtant, il n'y a pas qu'à Paris que le chauffeur de taxi fait l'objet d'une telle détestation. Partout dans le monde, c'est la même histoire. On trouve qu'il parle fort, qu'il conduit mal, qu'il est raciste.
Il est amusant de constater que, en lisant les paroles de la chanson de Lenny Kravitz « Mr Cab Driver », sortie en 1989, aux États-Unis aussi le chauffeur de taxi n'a pas bonne presse. Le sien n'aime ni sa couleur de peau, ni ses dreadlocks, ni son look. Il le dévisage avec ses yeux noirs, il le prend pour un junkie. Ici on dirait : une racaille.
Pour un peu, le chauffeur de taxi pourrait détrôner au hit-parade des professions les plus détestées les hommes politiques et les journalistes. Pourquoi tant de haine dans une seule voiture ? Essayons de comprendre d'où vient ce mépris qui fait qu'à travers les siècles ou à travers le monde le chauffeur est souvent notre pire ennemi.

LA ROUTE DE SHANGHAI

Croire que le chauffeur de taxi est un bouc émissaire de notre époque est aussi faux que de penser que les chauffeurs de taxi sont meilleurs à l'autre bout de la planète. Sous toutes les latitudes et à toutes les époques, celui qui nous conduit est mal aimé ou méprisé.

Déjà, en 1867, Maxime Du Camp dressait un portrait peu flatteur du chauffeur de fiacre et s'essayait même à une catégorisation : *« Le cocher de fiacre est un révolté, toujours en lutte contre son administration, qu'il essaie de tromper, contre la préfecture de police, qu'il maudit tout en respectant son pouvoir.*

« Les cochers peuvent se diviser en trois catégories ; les bons sujets, qui aiment leur métier, qui ont la passion des chevaux, cherchent à amasser un petit pécule pour devenir à leur tour propriétaires d'une voiture attelée. [...]

« Les ivrognes viennent ensuite ; la passion du vin les entraîne ; entre chaque course, ils s'arrêtent au cabaret et boivent un canon. *[...] Ils se repentent volontiers, mais ils recommencent le lendemain tout en jurant qu'on ne les y reprendra plus. Ceux-là aussi aiment et soignent leurs chevaux ; un vieux proverbe plein de vérité court dans les écuries : "Cheval d'ivrogne n'est jamais maigre." [...]*

« Ce qui les a amenés à faire un métier pour lequel ils n'ont aucune aptitude, c'est l'horreur du travail, le dégoût de la vie régulière, l'effroi de toute contrainte ; ils se sont imaginé qu'une fois sur leur siège, au grand air, s'arrêtant de ci et de là pour étrangler un perroquet, *comme ils disent dans leur argot, c'est-à-dire pour boire un verre d'absinthe, ils seraient libres, ou du moins auraient l'illusion de la liberté : erreur profonde dont ils ne tardent pas à revenir, qui leur cause un dépit amer [...]. »*

Comme on le voit avec Du Camp, et sa morale toute dix-neuviémiste, la liberté n'est qu'une illusion qui engendre amertume, alcoolisme et... paresse !

Un siècle et demi plus tard, c'est comme si rien n'avait changé. Les moteurs automobiles ont beau avoir remplacé depuis longtemps les chevaux, le chauffeur n'est pas plus apprécié. Il est toujours aussi grossier, raciste, misogyne, râleur et le plus souvent voleur, comme si une malédiction pesait sur lui et son métier. Au fond, comme le disait Pierre Desproges : *« Il n'y a que deux catégories de chauffeurs de taxi, ceux qui puent le tabac et ceux qui vous empêchent de fumer. »* Autrement dit, quoi qu'il fasse, le taxi a le mauvais rôle.

D'abord, il y a le prix. Dès que le taxi roule, on ne peut s'empêcher de regarder le compteur qui défile. Trop rapide, on risque l'accident. Trop lent, on perd de l'argent. Bref, le client n'est jamais content.
Comme le dit Umberto Eco, esprit pourtant tout en nuances, dans le prologue de *Comment voyager avec un saumon ?* : *« Dans le monde entier, il existe un moyen infaillible de reconnaître un chauffeur de taxi, c'est quelqu'un qui n'a jamais de monnaie. »* Sous-entendu, il garde tout dans sa poche.

Bien sûr, pour le taxi, payé depuis toujours en fonction du tarif indiqué par le compteur, il faut bien de temps en temps « faire chauffer la gamelle », comme on dit... Alors, inutile de rester aux stations à attendre, on roule, on tourne, on cherche le client, on maraude. Histoire de ne pas faire que des « copeaux », des « courses de parapluie », celles qu'on réalise quand il pleut à verse ou bien le mercredi après-midi quand les mamans accompagnent leurs enfants au sport ou à la musique.

Marauder, selon le dictionnaire, c'est d'abord voler des fruits, des légumes, des volailles dans les jardins et dans les fermes. C'est vivre de rapines et de petits larcins. Rien de bien grave. Le verbe a été civilisé, urbanisé, devrait-on dire, en « langage taxi ». Qui n'a jamais vu un taxi parisien circuler lentement à la recherche du client ? Il est libre, son lumignon est vert, il maraude. Mais c'est toujours un peu en cachette, en secret, à l'abri du regard de ses collègues et des policiers chargés de faire respecter les règles : pas de charge sur la voie publique à moins de 50 mètres d'une station.

Aujourd'hui, la maraude est devenue électronique et c'est sur son écran de smartphone qu'on peut suivre le chauffeur de taxi ou de VTC qui a pris la course. Sur le plan de Paris, des petits véhicules tournent en temps réel et se rapprochent du point de rendez-vous choisi. Ils sont comme des fourmis vues du ciel.

On s'impatiente encore plus qu'avant à les voir s'arrêter au feu ou se tromper d'itinéraire. On les suit à distance, mais on n'a plus à s'inquiéter : qu'ils fassent trois fois le tour du quartier ou qu'ils s'arrêtent boire un café, le prix est le même. Désormais, la course d'approche est forfaitisée.

Difficile dans ces conditions de prendre la fameuse « route de Shanghai », celle qu'on réserve aux touristes pour leur faire voir du pays et augmenter le prix de la course. L'expression vient de chauffeurs d'origine chinoise qui prenaient l'itinéraire le plus long pour « faire une montée » jusqu'à Roissy.

Dans *Le Club des incorrigibles optimistes*, paru en 2009, Jean-Michel Guenassia dresse le plus beau portrait de chauffeur de taxi de la littérature française contemporaine. Victor Anatolievitch Volodine est chauffeur de taxi, Russe comme il se doit et un peu roublard sur les bords. Un moulin à paroles qui sait, comme aucun autre, faire « bouillir la marmite »...

« Quand les clients le méritaient – il fallait qu'ils soient anglais ou américains – il sortait de la boîte à gants une pièce de velours mauve lamé de fils dorés, qu'il dépliait avec religiosité et, comme un secret révélé, dévoilait aux touristes fortunés le poignard cosaque incrusté de diamants qui avait pourfendu Raspoutine et que Youssoupov lui avait offert en témoignage d'amitié. Les Anglais ont payé sans sourciller la plus grosse note de taxi de leur vie en laissant un pourboire royal à ce pauvre aristocrate, victime des bolcheviks. »

Évidemment, le poignard n'a jamais appartenu à Raspoutine. Il était berbère et avait été acheté pour 350 francs lors de l'Exposition coloniale de 1931. Mais Victor Anatolievitch ne ment pas, il raconte une histoire. Il enseigne à Igor, son compatriote, les multiples astuces du métier et *« l'art de distraire l'attention du client pour tourner en rond en ayant l'air d'aller tout droit, comment prolonger une course en attrapant les feux rouges, quelles rues utilisaient les camions poubelles pour rester bloqué derrière, les parcours que suivaient trois fois par semaine les chevaux de la garde républicaine, l'intérêt de prendre les avenues en travaux plutôt que celles qui étaient dégagées, comment se retrouver coincé derrière un camion de livraison ou de déménagement sans que le client s'en rende compte et les mille et une combines qui vous permettaient de vous offrir un pavillon de banlieue en vingt ans d'honnête labeur »*.

Aujourd'hui, les taxis parisiens vous diront que ces pratiques n'ont plus cours, mais pour ceux qui s'amusent encore à ne pas mettre le compteur, à « faire des plumes », comme ils disent, ou bien encore ceux qui « se tapent une embellie », en laissant tourner le compteur entre deux courses, c'est la commission de contrôle, direct.

En langage taxi, elle porte un joli nom : on l'appelle la « côtelette ». Passer à la côtelette, c'est avoir l'assurance de recevoir une sanction. Personne n'y va en espérant ne rien prendre, car la sanction est toujours au bout de la côtelette, rue des Morillons, au service des objets trouvés.

Le service des objets trouvés, rue des Morillons, Paris 15e arrondissement.

Nº 00014222
Nº 00014150
Nº 00014329
Nº 00014186

QUI N'A JAMAIS RIEN OUBLIÉ DANS UN TAXI ?

Aujourd'hui, évidemment, le plus fréquent, c'est d'oublier son téléphone sur la banquette arrière, accessoire indispensable de nos vies d'hommes et de femmes pressés et connectés.

Rue des Morillons, dans le 15e arrondissement de Paris, il y en a des milliers qui attendent leur propriétaire. On ne pense pas toujours à y aller. On ne croit pas assez à l'honnêteté des taxis. C'est un défaut. Dans les casiers des objets trouvés il y a un bric-à-brac improbable : des trousseaux de clés, des sacs à main, des escarpins de marque, des portefeuilles, des manuscrits, des courriers importants et même des feuilles d'impôt.

Ici, chaque objet trouve sa place mais pas toujours son propriétaire. Alors, ils restent là, oubliés à jamais par ceux qui tenaient tant à eux et ce sont comme des morceaux de vie abandonnés, des lettres qui ne retrouveront jamais leur destinataire.

Heureusement, il existe de belles histoires.

Dans les années 1950, le chauffeur de taxi est un personnage incontournable de la filmographie française. Gouailleur et irascible, il incarne à merveille le Parisien, souvent de mauvaise foi, toujours prêt à râler, et il devient plus irritable encore quand il est au milieu des embouteillages, car, comme le dit fort justement Michel Audiard, *« ce qui congestionne, c'est le surplace »*.

En 1952, dans *Monsieur Taxi*, un film d'André Hunebelle, c'est Michel Simon qui joue le rôle d'un chauffeur à veste de cuir, un peu bourru, un peu poivrot et toujours accompagné de son chien, nommé Gangster. Quand, à l'arrière de sa voiture, Monsieur Taxi trouve 30 000 francs, une somme pour l'époque, il décide de retrouver la propriétaire du magot, une riche étrangère. Morale de l'histoire, même s'il a mauvais caractère et que, comme il le dit lui-même, il « emmerde les gendarmes », le taxi parisien est honnête.

Certes, le film n'est pas inoubliable mais, en plus du jeu de Michel Simon, il vaut aussi par l'apparition d'un certain Louis de Funès, méconnaissable en peintre montmartrois, affublé d'une barbe postiche. Dès lors, le réalisateur André Hunebelle ne le lâchera plus.

PATHÉ CONSORTIUM CINÉMA PRÉSENTE
MICHEL SIMON
DANS
UN FILM DE
ANDRÉ HUNEBELLE
TAXI
LÉO KOUPER
Monsieur Taxi
SCÉNARIO, ADAPTATION ET DIALOGUE DE JEAN HALAIN
avec
JANE MARKEN
et
JEAN BROCHARD
et par ordre alphabétique :
PAUL AZAÏS . BUGETTE . JEAN CARMET . PAULINE CARTON . ESPANITA CORTEZ . PAUL FAIVRE
JEANNE FUSIER-GIR . NATHALIE NATTIER . ORBAL . CLAIRE OLIVIER . FLORIANE PREVOST . ANDRÉ VALMY
avec
ROLAND ALEXANDRE
de la Comédie Française
et
MONIQUE DARBAUD
PRODUCTION P.A.C. - S.N. PATHÉ - CINÉMA
MUSIQUE
DE
JEAN MARION
CRÉATION DU CONSORTIUM DES ARTS PUBLICITAIRES
PATHÉ CONSORTIUM CINÉMA
DISTRIBUTEUR

En 1958, dans *Taxi, roulotte et corrida,* Louis de Funès joue à son tour un taxi et illustre la nervosité toute gauloise de nos automobilistes à nous. « Ça, c'est de la mécanique, comprenez-vous ? » affirme avec autorité celui qui deviendra sous la direction du même André Hunebelle le commissaire Juve dans la série *Fantômas.*

Le brave chauffeur de taxi parisien vante ici les mérites de sa guimbarde au client qui valdingue à l'arrière dans une scène digne des montagnes russes de la Fête à Neu-Neu.

Dans le genre fébrile, on trouve aussi André Pousse, qui conduit Jean Lefebvre dans *Un idiot à Paris,* sorti en 1967. La saveur des mots estampillés « Michel Audiard » fait du chauffeur de taxi un personnage pittoresque. Son dialecte :

« Viande à pneu ! Peigne-moumoute ! Voyez-vous, monsieur, dès qu'on prend le volant, on est entouré que de saloperies. »

Changeons de registre, car ce genre de vocabulaire n'est pas de celui qu'affectionnait Louise de Vilmorin. La compagne d'André Malraux raconte comment, en perdant une lettre dans un taxi, elle eut l'idée, certes un brin romantique, d'écrire un roman.

Nous sommes en 1958, l'écriture est légère, le ton est doux-amer, les personnages ressemblent à ceux de Sagan mais en plus graves et plus retors. Cette histoire de chantage et d'adultère, intitulée précisément *La Lettre dans un taxi,* met en scène Cécilie, « une femme douée d'une grande invention poétique, d'une grande liberté d'esprit et de beaucoup de cœur », mariée à un (forcément) affreux Gustave.

Un jour, en partant à la gare, elle oublie une lettre dans un taxi, une lettre compromettante dans laquelle elle livre les secrets d'une famille, et sa vie bascule. Mais le plus drôle, le plus romanesque, c'est, comme souvent avec Louise de Vilmorin, la vraie histoire, celle qu'elle nous raconte dans un entretien accordé à l'ORTF et que j'ai retrouvé au fond des archives de l'INA.

L'histoire de cette lettre qu'elle-même a oubliée dans un taxi, ce n'est pas seulement le début d'un roman. C'est, plus compromettant encore, l'histoire de son amitié, pour ne pas dire plus, avec le « grand » Orson Welles. Écoutons-la, avec ce mélange de diction aristocratique et de gouaille parisienne qui fait son charme :

« Ça peut paraître extraordinaire et même invraisemblable mais jamais de ma vie je n'ai mis une lettre à la poste.

« J'étais en Angleterre et j'avais passé le week-end chez des amis à la campagne. Et là-dessus, comme je connaissais assez bien l'histoire de ces gens et que c'était une histoire que je trouvais drôle, je l'ai écrite d'un bout à l'autre, j'ai écrit toute l'histoire de ces gens, tout, tous les potins, tout ce que je savais dans une lettre adressée à Orson Welles qui était à ce moment-là à l'hôtel Aïoli à Saint-Tropez.

Orson Welles, place de la Concorde.

TAX
AUTOPLACE G7

« Là-dessus, je prends ma lettre et j'allais déjeuner à l'hôtel Claridge à Londres et je me suis dit : Je vais donner ma lettre au portier de l'hôtel, il la mettra à la poste.

« Très bien, j'arrive à l'hôtel, je vais au restaurant, j'étais invitée à déjeuner. Pendant le restaurant, crac, me v'là qui deviens plus que rouge, bleu-marine, j'sais pas quelle couleur, et la personne avec qui je déjeunais me dit : Qu'est-ce que vous avez ? Je lui dis : C'est horrible, j'ai perdu une lettre dans le taxi qui m'a emmenée.

« Ce monsieur qui était un Anglais me dit : Ne vous en faites pas, les Anglais sont très honnêtes et votre lettre sera sans doute mise à la poste. Mais moi, vous savez, je ne m'y fiais qu'à moitié, surtout que c'était adressé à Orson Welles. Je me suis dit : Ça éveillera forcément la curiosité. Qu'est-ce qu'on peut écrire à c't homme-là ? Et je ne retrouverai jamais cette lettre.

« J'étais dans une angoisse atroce, je rentre à Paris, à Verrières plutôt. Je me jure de ne plus jamais écrire une lettre de ma vie. J'imagine le pire. Autrement dit, j'imagine tout ce qui est dans le livre.

« Là-dessus, un beau jour, v'là Orson Welles qui me téléphone et qui me dit : Mais pourquoi diable est-ce que vous ne m'écrivez plus ? Ah, je lui dis : Moi vous savez, moi c'est fini, je n'écris plus de lettre. C'est fini pour la vie. Il me dit : La dernière lettre que j'ai reçue de vous, il y avait écrit sur l'enveloppe : Trouvée dans un taxi, Found in a taxi. *»*

Mais on ne trouve pas que des lettres dans les taxis et on n'y perd pas que des téléphones. On y perd toutes sortes de choses très précieuses : des colliers à 3 millions ou, plus précieuse encore, sa virginité.

C'est ce que chante Julia-Léontine Hérissey, dite Gaby Montbreuse, dans la célèbre chanson intitulée « Vous avez perdu ça dans un taxi ».

Sans être vraiment belle, Gaby devient une grande vedette de music-hall immédiatement après la Première Guerre mondiale. Elle a une énorme tête ronde, disproportionnée par rapport au reste de son corps, avec une mèche qui lui tombe sur les yeux. Bien pratique, cette mèche, elle en joue en soufflant dessus pour créer un effet comique.

Il se dégage de son jeu et de ses chansons un air canaille, avec sa voix ébréchée et son accent des faubourgs. Et puis, surtout, elle chante comme personne des couplets bêtes à pleurer. On lui doit des grands succès comme « Titine » ou « Le Roudoudou » et surtout le définitif « Tu m'as possédée par surprise ».

En 1930, le célèbre compositeur Vincent Scotto, celui de « Prosper », de « J'ai deux amours » et du « Plus beau tango du monde », compose pour elle cette chanson mi-réaliste, mi-érotique sur une vendeuse en joaillerie prénommée Ginette et manifestement un peu distraite.

Gaby Montbreuse.

Dans le taxi, elle a perdu un collier qui vaut 3 millions mais son patron la rassure avec force caresses. Elle n'aura qu'à le rembourser autrement...

On comprend donc pourquoi la chanson se termine par un avertissement à toutes les demoiselles un peu trop tête en l'air. Attention, mesdames, à ne pas perdre quelque chose de plus précieux encore quand vous montez dans un taxi : votre naïveté... Surtout, dit la chanson un peu leste, si vous vous asseyez sur quelque chose de fragile et pointu !

Par les temps qui courent, heureusement, personne ne porte plus de collier à 3 millions dans les taxis, mais récemment, en mai 2017, un galeriste parisien a oublié un tableau de Lucio Fontana d'une valeur de 1,5 million d'euros dans un taxi. Distrait lui aussi, il ne s'en est aperçu qu'un jour après.

Qui sait... Il est peut-être rue des Morillons, là où les taxis parisiens rapportent toujours, c'est bien connu, les objets égarés à bord de leur véhicule.

NUMÉRO 348 JANVIER 1969

Le Réveil des Cochers Chauffeurs

ORGANE DE LA CHAMBRE SYNDICALE DES COCHERS-CHAUFFEURS (fondée en 1892)

SAMEDI 18 JANVIER 1969 à 20 h. 30

FÊTE DE NUIT DU TAXI

Salle des Fêtes Mairie de Montreuil

Place Jean-Jaurès

organisée par la Section Syndicale des Cochers-Chauffeurs de MONTREUIL

★ UN MAGNIFIQUE SPECTACLE ★

présenté et animé par Georges FLORENT

SERGE LAMA

NOUVELLE GRANDE VEDETTE DE LA CHANSON

LES SANTUS | LES MARIONNETTES REGENT'S

Vivianne DECK | Francesca SOLLEVILLE

GRAND BAL DE NUIT

AVEC JO PRIVAT ET SON ORCHESTRE

UN PROGRAMME-SURPRISE – DES MAGNIFIQUES CADEAUX – DU RIRE – DE LA CHANSON – DE LA DANSE –

– BAR – BUFFET – PATISSERIE – JEUX – Vestiaire au 2e – Salle chauffée –

PRIX D'ENTRÉE : 12 F

La Chambre Syndicale vous présente à toutes et à tous ses meilleurs vœux

NUMÉRO 381 2 F 16 NOVEMBRE 1981

Le Réveil des Cochers Chauffeurs

ORGANE DE LA CHAMBRE SYNDICALE DES COCHERS-CHAUFFEURS (fondée en 1892)

DÉTAXE VICTOIRE

« APRÈS 30 ANNÉES DE LUTTE DU SYNDICAT C.G.T. »

3 NOVEMBRE 1981

PAR 482 VOIX POUR ET 1 VOIX CONTRE

LES DÉPUTÉS VOTENT LA DÉTAXE DES CARBURANTS AUX CHAUFFEURS DE TAXI

Les grèves de 1936 (page suivante également).

À LA BOURSE DU TRAVAIL

Mais le reproche principal fait aux taxis n'est pas de vous subtiliser vos objets de valeur. C'est surtout de n'être jamais là quand il le faut.

Singulièrement à Paris, où l'offre de taxis a longtemps été inférieure à la demande, l'angoisse de ne pas trouver de taxi disponible est particulièrement répandue.

Le mauvais temps, coutumier dans la capitale, est une calamité. C'est un fait scientifiquement prouvé : quand il pleut et qu'on a le plus besoin de taxis, on n'en trouve jamais. Comme le disait José Artur, « le taxi est comme le prêt bancaire, rare quand on a besoin de lui » !

Autre moment difficile quand il s'agit de trouver un taxi : celui pendant lequel les chauffeurs revendiquent, manifestent ou défilent. C'est la grève. Et, dans l'histoire des taxis, elles sont nombreuses…

Comme un clin d'œil, le premier film tourné à Hollywood sur les taxis a d'ailleurs déjà comme sujet une histoire de grève.

Dans *Taxi !*, réalisé en 1932 par Roy Del Ruth, un jeune conducteur farouche refuse le mépris d'une grande compagnie de taxis contre laquelle il mène une rébellion. C'est James Cagney, l'acteur au visage d'ange, qui incarne le premier *taxi driver* insoumis.

OU EN EST LA CRISE ?
Que fait-on contre elle ?
LA CRISE NE DISPARAITRA PAS D'ELLE-MEME
CONDUCTEURS de TAXI
syndiqués ou non
CHAUFFEURS DE TAXI!
Assez d'être volés et brimés par le patronat et la police! Assez de misère!
GRÈVE GÉNÉRALE
Vendredi 2 Février
Meeting

Pour remonter le cours des mobilisations et des grèves, je suis allé à la rencontre du plus ancien syndicat de taxis parisiens, celui des cochers chauffeurs, créé en 1884 au premier étage de la Bourse du travail, rue du Château-d'Eau, à deux pas de la République.

Dans ces trois petits bureaux, les vieux militants continuent à passer, surtout le mercredi, pour se tenir au courant des actions en cours. Certains ont arrêté de rouler depuis plus de vingt ans mais, dans leur tête, ils sont toujours taxis et ils ont toujours leur carte à la CGT. Éliane ou Claude font partie de ceux-ci. Chaque fois qu'ils viennent, ils repartent avec des autocollants, des tracts à distribuer et le dernier numéro du journal du syndicat qui sort chaque mois, *Le Réveil des cochers chauffeurs*.

Mises bout à bout, les unes de ce journal offrent un résumé de l'histoire des taxis parisiens, à l'exception de la période de l'Occupation, pendant laquelle la CGT, entrée en clandestinité, a vu ses archives disparaître.

Elles racontent la montée du fascisme, la première loi sur les taxis au moment du Front populaire, la victoire sur les nazis, l'épuration, la décolonisation, mai 1968, le 10 mai 1981 et aussi Serge Lama, le bal annuel des taxis et les bons plans de leur mutuelle…

Aujourd'hui, à Paris, les revendications des taxis prennent souvent le visage sérieux mais affable de Karim Asnoun, le secrétaire du Syndicat des cochers chauffeurs, un des délégués syndicaux les plus en pointe dans le combat contre Uber.

Aîné des garçons de la famille, son père est arrivé en 1961 de Kabylie pour travailler à Paris. D'abord soudeur, il est devenu chauffeur de taxi et militant CGT. C'est lui qui a transmis à Karim l'amour du métier et le sens de l'engagement. *« Mon père m'a dit : tu vas à la CGT. Le leader de l'époque s'appelait André Ducouret, un Corrézien. Évidemment, mon père était venu d'un peu plus loin. Mais, finalement, c'est la même histoire. C'est les difficultés économiques qui vous poussent à partir. »*

Karim Asnoun parle doucement, à voix basse, il ne perd jamais ses nerfs. Alors que d'autres ont tendance à exploser, il reste calme, même dans la tempête. Pendant les travaux préparatoires de la loi de 2014, je l'ai vu bouillir intérieurement devant l'armée d'avocats d'Uber et puis, malgré tout, ramener ses troupes à la table des négociations.

LES
BIGOTPHONES
"TAXI"
L'ESSENCE PAYÉE PAR LES PATRONS
APPLICATION DES LOIS
MORT AU RÈGLEMENT
Région 14e
A L'EAU l'odieux
de Rouvier-
Les Chauffeurs salariés
EXIGENT
UN CONTRAT COLLECTIF

« On a réussi à les freiner, à créer des digues, c'est tout. Qu'est-ce que vous voulez ! Nous, on est une petite équipe, en face, c'est le Barça. On n'a pas les mêmes moyens... Avant la loi Thévenoud, c'était la ruée vers l'or pour eux... Même le Far West était plus structuré... C'était l'anarchie... »

Ce qui compte pour Karim Asnoun, c'est l'histoire dans laquelle il s'inscrit. Rappeler d'où vient le syndicat est tout aussi important que de parler de la prochaine mobilisation.

Aujourd'hui comme hier, une grève sert toujours à la même chose, là-dessus pas question de transiger : *« Notre rôle, c'est d'améliorer la vie des copains. Quand, en 1981, on a obtenu la détaxe du carburant, c'était comme des congés payés. Un treizième mois pour ceux qui bossaient trop pour partir en vacances. C'est ce que les anciens demandaient depuis la fin de la guerre parce que la détaxe sur l'essence existait avant... à l'époque du Front populaire. »*

Voilà pourquoi la grève ne s'arrête jamais : il y a toujours quelque chose à obtenir, une revendication à faire aboutir, un combat à mener. C'est ce que leur ont appris les anciens...

Quand je lui demande quel est son meilleur souvenir de grève, il botte en touche : *« Il n'y en a pas. La grève, c'est toujours une galère. Mais je me souviens d'un grand meeting à la Bourse du travail en 2008, au moment de Sarkozy. Les gars étaient venus nombreux, la grande salle était pleine, plus de 800 personnes. Ils s'étaient garés place de la République. Il y avait des taxis partout. C'était impressionnant. »*

Aujourd'hui, la mobilisation ne se fait plus seulement par des tracts, plus du tout même. Sur les totems des stations de taxis parisiens, on voit encore des affiches de la CGT-Cochers chauffeurs collées à la hâte mais le plus important, c'est ce qui se passe sur les réseaux sociaux.

Le foyer du militantisme n'est plus à la base mais sur les smartphones des chauffeurs qui attendent aux stations ou à « Guantánamo ». Guantánamo, c'est la base arrière des taxis à Roissy, un endroit où, certains jours de grande affluence, il peut y avoir jusqu'à 400 taxis qui stationnent en attendant qu'on leur attribue un terminal où charger le client. Le lieu est stratégique pour les syndicats ou pour la préfecture de police. C'est là qu'on vient faire passer des messages, c'est là qu'on vient tendre l'oreille pour connaître l'humeur des taxis parisiens. Je me souviens d'y être allé au plus fort de la mobilisation contre les VTC pour écouter et comprendre. L'accueil avait été viril...

Dans cet endroit à part, géré par un délégataire d'Aéroports de Paris, on cause, on mange, on boit, on joue aux cartes, on parie sur le prochain match du PSG... Et puis on dort et on prie. Certains trouvent même le temps de prendre du plaisir, paraît-il... À Guantánamo, toutes les religions se rencontrent, toutes les opinions aussi, mais il faut bien de temps en temps que le corps exulte...

Alors, même si beaucoup de chauffeurs ne montent jamais jusqu'à la base arrière de Roissy, l'endroit est devenu la caisse de résonance des mobilisations à venir, un réseau social à lui tout seul, un gigantesque salon à ciel ouvert connecté directement à Twitter, WhatsApp ou Telegram.

La prochaine grève est peut-être déjà en train de s'y préparer.

Les militants de la CGT-Cochers chauffeurs à la Bourse du travail, 2018.

TAXI
LIBRE
TAXI
5210
19

8.
LE TAXI EST UNE FEMME

Quand on pense aux femmes dans un taxi, on voit apparaître toute une galerie de portraits : Grace Kelly, Marilyn Monroe, Simone Signoret montant dans un taxi… Mais les femmes ne sont pas seulement des passagères, des clientes. Elles conduisent aussi. Même peu nombreuses, elles existent. Aujourd'hui encore, les femmes ne représentent que 5 % des taxis parisiens. À New York, c'est pire : seulement 1 %. Il faut dire que le métier est dur et que les collègues masculins sont sans égard. C'est le moins que l'on puisse dire. Celles qui tiennent encore le haut du pavé travaillent presque exclusivement de jour et profitent de la relative liberté que leur offre le métier. Aussi surprenant que cela puisse paraître, il y a « une utilisation féminine du métier de taxi, un féminisme du taxi », comme le dit Hélène Manceron, la rédactrice en chef de *100 % news l'info du monde des taxis*, le bimensuel numérique du taxi parisien. En allant à la découverte de l'histoire des femmes dans le taxi, j'ai rencontré des personnages hors du commun.

GLOIRE AUX PIONNIÈRES

Au moment de l'apparition des taxis automobiles, en 1905, *Le Figaro* prophétisait : *« Il est très probable que l'art de conduire une automobile ne deviendra jamais un métier de femmes, car il n'existe pas de carrière où les imperfections habituelles du caractère féminin puissent aboutir à d'aussi effrayants résultats. »* Rien que ça.

Pourtant, dès cette époque, des femmes se lancent dans l'aventure du taxi. La première s'appelle Mme Decourcelle. Déjà cochère, elle obtient en 1908 son diplôme de chauffeur de taxi et devient la première à conduire une automobile dans Paris.

Auparavant, seules deux femmes avaient conduit dans Paris, Mmes Charnier et Dufaut, provoquant la curiosité des Parisiens sur les Grands Boulevards. Ce sont les pionnières : celles qui ont ouvert la voie du taxi dans notre pays. Dans les autres pays, la route a été plus longue.

Mme Decourcelle.

En Turquie, la femme taxi prend le visage d'une actrice de l'après-guerre, une brune aux yeux incandescents, Sezer Sezin.

Dans *Soför Nebahat* (*Nebahat, la chauffeuse de taxi*), un film de 1960, elle interprète la fille d'un chauffeur de taxi obligée de reprendre l'activité de son père pour faire vivre sa famille. Cigarette à la bouche, casquette sur la tête et veste de cuir, elle surmonte les critiques de sa famille et les menaces de ses collègues chauffeurs pour conduire son *dolmus* à travers les rues d'Istanbul.

D*olmus*, qui signifie « remplis » en turc, est un taxi collectif au trajet toujours identique mais sans horaires fixes ni stations. Ils assurent encore aujourd'hui 50 000 déplacements par jour à Istanbul. Le plus long trajet fait 24 kilomètres, le plus court à peine 2.

En sillonnant la ville, ils donnent l'image des classes populaires stambouliotes qui travaillent dur, mais il n'est pas certain qu'il y ait encore une femme pour conduire aujourd'hui un *dolmus* à Istanbul...

Partout dans le monde, pour braver les *a priori* machistes, la nouvelle tendance est de créer des taxis spécialement destinés aux femmes, où conductrice et cliente ne sont que des femmes.

En Grande-Bretagne, il y a plusieurs années déjà que le

ISTANBUL

Libre

service existe, leurs taxis sont roses et on les appelle les *pink ladies*. En Inde, où les agressions sont fréquentes dans les transports en commun, dans les taxis ou les VTC, le Premier ministre a bien essayé de généraliser la solution « *She taxis* », mise en place dans l'État du Kerala. Il s'agissait là aussi d'un service destiné exclusivement aux femmes, dans des taxis conduits par des femmes. Le succès n'a pas été au rendez-vous.

En revanche, à New York, ça marche. Les véhicules sont rose et blanc, la conductrice doit mettre une écharpe rose et un panneau rose sur le pare-brise. L'un des arguments est la sécurité. Trop de clientes se plaignent des avances et des commentaires déplacés de certains chauffeurs masculins. En sens inverse, certaines conductrices pensent aussi que c'est plus sûr et plus agréable pour elles de n'avoir que des clientes. Évidemment, les *yellow cabs* de la ville apprécient modérément cette nouvelle concurrence qu'ils jugent déloyale.

Après New York, d'autres villes américaines envisagent d'autoriser ce nouveau service qui fait tache d'huile un peu partout. Des services de taxis destinés aux femmes ont vu le jour récemment au Mexique, au Liban et même à Moscou.

À l'heure de l'affaire Harvey Weinstein, le taxi lui aussi doit changer. Mais il n'est pas certain que ce soit en isolant les femmes dans un « entre-soi automobile » que réside la meilleure réponse.

D'autant que, dans certains pays, les religieux extrémistes ne s'y sont pas trompés. Ils recommandent et encouragent le développement de ce type de taxis réservés aux femmes pour les empêcher de rencontrer les hommes, un moyen supplémentaire de les garder sous leur coupe.

Sara Bahai avec une passagère.

« Heureusement qu'il y a encore des pionnières… Sara Bahai, une Afghane de 40 ans, en fait partie. Elle a fait la révolution à elle toute seule. Elle est en effet considérée comme la première femme chauffeur de taxi dans son pays, « le pire endroit pour vivre en tant que femme », selon l'organisation non gouvernementale Afghanistan libre.

Alors que la plupart des femmes vivent recluses sous leur voile sans qu'on puisse voir leurs yeux, Sara Bahai exerce ce métier d'hommes depuis dix ans à Mazâr-e Charîf, la quatrième plus grande ville du pays.

Elle a grandi dans un monde où les femmes n'étaient pas autorisées à aller à l'école et encore moins à espérer avoir une carrière professionnelle. Pourtant, dès qu'elle a pu, après la chute des talibans, en 2001, elle a commencé à travailler, non sans subir les réflexions, voire les menaces de mort, de certains de ses concitoyens.

Mais rien n'y a fait, Sara Bahai a du caractère. Un journal indien raconte en effet qu'elle est devenue la cheffe d'une famille de 15 personnes lorsque son beau-frère a été tué par les talibans, dans les années 1990. L'Afghane n'a jamais voulu se marier, de peur que son mari l'empêche de travailler…

Aujourd'hui, elle soutient financièrement sa mère, malade, mais aussi sa sœur et ses sept enfants, ainsi que ses deux enfants adoptifs, et elle continue à faire le taxi sous le regard réprobateur des hommes. Encore aujourd'hui, certains d'entre eux refusent de monter dans son taxi*. »

*Article paru dans Paris Match le 12/04/2015 de Marie Desnos « Sara Bihai, 1re femme taxi en Afghanistan.

L'Arabie saoudite attend encore sa première femme chauffeur de taxi. Désormais, plus rien ne s'y oppose. Le 26 septembre 2017, le prince héritier Ben Salmane a décidé d'autoriser la délivrance de permis de conduire pour les femmes. Une réforme historique qui pourrait mettre des millions de femmes au volant. Le royaume saoudien était jusqu'ici le seul pays au monde à leur interdire de conduire. On attend, avec impatience, de connaître le nom de la première Saoudienne qui conduira un taxi.

JOE LE TAXI EST UNE FEMME

La chanson sort le 27 avril 1987 et, le 1er août, elle est en tête du Top 50. C'est un succès planétaire, une gloire instantanée, 3 millions de disques sont vendus dans le monde entier. « Joe le taxi » devient en quelques semaines l'hymne des chauffeurs de taxi.

L'homme qui est à l'origine de cette chanson s'appelle Didier Pain, l'oncle de Vanessa Paradis. Persuadé que sa nièce a du talent depuis qu'elle a chanté « Émilie Jolie » à « L'École des fans », il lui fait passer une audition avec Franck Langolff, le compositeur de Renaud. L'essai est concluant. Il la met donc en relation avec le parolier Étienne Roda-Gil, qui lui propose une chanson qui n'a rien à voir avec sa vie : « Joe le taxi ».

Le décalage est total entre l'adolescente aux airs de Lolita et l'histoire de ce chauffeur de taxi new-yorkais qui écoute Yma Sumac, la chanteuse péruvienne, celle qu'on appelait « la Castafiore inca ». C'est comme ça que le succès arrive : sans qu'on y prenne garde.

Sa voix fluette, légèrement éraillée, ses dents du bonheur, son déhanchement qu'on dit trop lascif pour son âge, sa veste *over-size* dont elle remonte les manches, tout plaît... Une star est née qui porte un nom d'ange : Vanessa Paradis.

Mais, en réalité, Joe le taxi n'est pas celui qu'on croit, ou plutôt celle qu'on croit. Le taxi n'est pas jaune, il est blanc, c'est une vieille Opel Ascona, et le chauffeur est une femme, elle s'appelle Maria-José.

Avec son éternel chapeau sur la tête, son air de Titi parisien et un accent guttural qui trahit ses origines portugaises, elle continue à traîner dans les bars de Pigalle, son quartier, le quartier de sa vie, le quartier de Minou. Nicolas Schaller, journaliste au *Nouvel Obs*, y a retrouvé sa trace et lui a fait raconter son histoire.

À l'époque, dans les années 1980, c'est là qu'elle tient avec son amie un bar de nuit. Maria-José y est serveuse topless, Minou s'occupe de la caisse. Elle partira avec. Avec la caisse et avec son amour. C'est comme ça que Maria-José devient taxi de nuit : pour retrouver son amour perdu.

Comme Joe le taxi, Maria-José « marche pas au soda », mais elle préfère le champagne au rhum. Dans sa caisse, la musique à fond, elle sillonne Paris, dont elle « connaît toutes les rues par cœur, tous les p'tits bars, tous les coins noirs ». Sa musique à elle, c'est la rumba, par contre le « mambo qui sonne », elle connaît pas.

Ce qu'elle aime par-dessus tout, ce sont les musiques qu'on trouve dans les bars de l'époque, à l'Hellzapoppin, rue Saint-Denis, ou au Jeu de dames, rue Sainte-Anne, où Maria-José va retrouver les copines.

Quand Danielle Mori, la reine des nuits lesbiennes parisiennes, ouvre Le Privé, rue de Ponthieu, elle demande à Maria-José de devenir le chauffeur officiel de la boîte.

C'est lors de ces soirées qu'elle rencontre Véronique Sanson, Catherine Lara, Nicoletta... et des mecs aussi, comme Bernard Lavilliers ou Claude Brasseur. À plusieurs reprises, elle ramène chez lui Étienne Roda-Gil, le parolier de Julien Clerc et de Claude François, l'auteur du mythique « Alexandrie, Alexandra ».

À l'arrière du taxi de Maria-José, il prend des notes en l'écoutant raconter la nuit, la Seine et ses ponts qui brillent, les autres femmes qui font le taxi comme Biscotte, celle qui joue du saxo en attendant les clients, les endroits qu'elle fréquente et ceux qu'elle évite, car, comme Joe le taxi, Maria-José, « elle va pas partout ». Et lui aussi se confie.

Toutes les femmes chauffeurs de taxi vous le confirmeront. Avec un homme, dans le taxi, les rapports sont souvent de l'ordre de la séduction ou de la plainte. À partir d'une certaine heure, ils sont tous pareils : ils racontent leur vie. Ils cherchent auprès de la conductrice une écoute, une attention ou juste un silence qu'ils ne trouveront pas au bout de la course. Et souvent ils pleurent...

Prince, lui aussi, a eu sa *lady cab driver*. Dans une chanson sortie en 1982, il raconte, sur fond de guitare *groovy*, le blues d'un client qui cherche lui aussi le réconfort au fond d'un taxi. La chanson est triste, elle reflète l'humeur de Prince dans ces années-là, des années de galère et d'errance. Il est seul et il a besoin de parler à quelqu'un. Dehors il fait froid, le vent s'est levé et il a peur de mourir. Mais, à l'intérieur, il est à l'abri. Alors il demande à sa *lady cab driver* de rouler, de rouler sans s'arrêter. Il n'a pas un dollar en poche, il la paiera avec ses larmes.

Lady cab driver, can you take me for a ride?

Don't know where I'm goin' 'cause I don't know where I've been

So just put your foot on the gas, let's drive

Lady, don't ask questions.

Quand elles sont plus jeunes, les chauffeuses de taxi sont plus souvent l'objet de propositions équivoques ou franchement directes. Quand on est taxi et qu'on est une jolie femme, autant avoir de la repartie et le sens de l'anticipation. Leur modèle à elles, ce serait plutôt Esmeralda Villalobos, le taxi de *Pulp Fiction*.

Sans même avoir pris le temps de défaire ses gants, encore en sueur, le boxeur Butch (joué par Bruce Willis) a sauté dans un taxi jaune en sortant d'un combat qui s'est fini dans le sang. La radio annonce que son adversaire est mort sur le ring.

La femme qui le conduit est jeune et très belle, une magnifique brune latina jouée par Angela Jones, qui n'a pas froid aux yeux. Elle lui offre une cigarette et lui pose cette question : « *What does it feel like to kill a man?* »

Derrière eux, dans la vitre arrière, on voit les phares de quelques voitures, la ville de nuit, le temps qui passe... Étrangement, le fond de l'image est en noir et blanc alors que le film est en couleurs.

Esmeralda Villalobos est un ange, un ange qui conduit un taxi, un ange qui annonce la mort.

NE L'APPELEZ PAS « CHAUFFEUSE »...

Monique est la plus célèbre de toutes les femmes qui font le taxi à Paris, la plus attachante aussi.

De son vrai nom Tassadit Benbakir, mais plus connue sous le surnom de « Monique, le taxi rose », elle est un emblème et un personnage.

Avant même de commencer à écrire ce livre, je connaissais l'existence de son taxi rose qui sillonne quasi quotidiennement les rues de la capitale pour le plus grand plaisir des touristes.

Surtout sur la rive gauche, car Monique, comme Joe le taxi, « elle va pas partout ». Ce qu'elle aime par-dessus tout, c'est le Quartier latin. Sa station préférée, c'est celle de la place Maubert, et le café où elle a ses habitudes, c'est le Twickenham, à deux pas. C'est là que je la rencontre pour la première fois. Chauffeur de taxi à Paris depuis presque trente ans, elle a d'abord été dans la restauration pendant vingt-cinq ans, elle a même fini chef de rang au Procope. C'est dire si les métiers d'hommes, ça la connaît.

Quand je lui demande comment on appelle une femme qui conduit un taxi, elle me répond du tac au tac :

« Un chauffeur, comme pour les mecs. Taxite, on dirait le nom d'une maladie. Cochère, c'est une porte, et chauffeuse, c'est une banquette. Est-ce que j'ai une gueule de banquette, moi ? »

Quand elle a décidé de faire le taxi, c'était pour être plus libre.

« Pour une femme comme moi qui élevait seule ses enfants, je croyais que le taxi, c'était la liberté. »

C'est vrai qu'on peut choisir ses heures sauf qu'au début elle a dû faire le doublage, c'est à dire qu'elle partageait le taxi avec un autre chauffeur. Lui faisait les nuits, elle les journées. À Paris, il est interdit de rouler au-delà de onze heures d'affilée par jour.

Et puis elle en a eu assez. Assez des contraintes horaires, assez de retrouver son taxi sale et endommagé, assez de dépendre encore d'un homme. Elle voulait sa liberté, son taxi à elle, son intérieur. Mais impossible de s'acheter une licence. Trop cher, alors elle a attendu. Dix-neuf ans pour obtenir une licence de la préfecture de police, c'est long et ça en fait des courses… Elle a continué de rouler.

La délivrance est arrivée en 2008. Elle a acheté un Berlingo blanc, qu'elle a fait repeindre tout en rose. Impossible de passer inaperçue. Elle est unique, la seule à Paris. Il faut la voir arriver avec son béret rose, ses souliers roses, dans son taxi rose.

Elle a aménagé l'intérieur avec des coussins brodés en appuie-tête, des poupées, des livres et elle a coincé un panier en osier rempli de petits bonbons entre les sièges avant. Quand on entre dans son taxi, ça sent la lavande, ça change…

Monique n'a pas attendu l'arrivée d'Uber pour comprendre qu'il fallait s'occuper du client : *« Les collègues mecs, ils en ont rien à faire. C'est eux qui ont tué le métier. »*

L'autre fois, elle a conduit un prêtre jusqu'à Roissy. Soutane noire, air sévère, *« on aurait dit qu'il allait dire la messe dans mon taxi »*. Il faut dire qu'elle l'avait pris en charge près de Maubert, à Saint-Nicolas-du-Chardonnet. « C'est pas des tendres là-bas… » Une fois arrivés à l'aéroport, il n'avait pas assez pour payer la course. Il partait à Johannesburg, elle lui a fait crédit. Une fois en Afrique du Sud, il lui a envoyé un chèque avec un petit mot de remerciement, écrit de sa main. « C'est ça, le métier. »

Monique aime ça, faire le taxi : les rencontres, les discussions, les histoires. C'est peut-être pour ça qu'à l'arrière il y a toujours les *Fables* de La Fontaine. Pour elle, *« parler est un besoin, écouter est un art »*. C'est du Goethe, d'après elle.

Quand je m'étonne qu'elle prenne encore les chèques, elle me répond aussitôt : « Je vous dis tout de suite. Moi, je l'ai pas, le machin ! » C'est quoi, le machin ? Le lecteur de carte bancaire.

Monique, taxi rose à Paris.

Et quand je lui rappelle qu'elle doit s'équiper, que c'est dans la loi et que je suis bien placé pour le savoir, car c'est moi qui l'ai fait inscrire, elle m'envoie encore promener : *« Ouais… eh ben, c'est pas ce que vous avez fait de mieux… Moi, je refuse de l'avoir parce que je ne veux pas engraisser les banques. Ils en ont déjà assez. Vous pouvez dire ce que vous voulez, moi, je suis contre. »*

Ce que préfère Monique, c'est peindre. La Kabyle de Ménilmuche, élevée par sa grand-mère, est une artiste accomplie. Poète, historienne de Paris, premier prix de couture, spécialiste en ébénisterie, Monique sait tout faire. Dans son petit appartement de La Courneuve, elle a aménagé son balcon en atelier avec un grand vitrail.

C'est là qu'elle cache ses secrets, son enfance brisée par la mort de son père, abattu devant ses yeux au temps de la guerre d'Algérie, une vie de galères et d'engueulades, une vie de solitude et de rencontres.

Quand on parcourt Paris avec Monique, on se rend compte très vite que tout le monde la connaît dans le taxi. Aux stations des gares, les chauffeurs qui l'aiment bien se penchent à la fenêtre pour lui envoyer un baiser et ceux qui l'aiment pas (« Tout ça parce que je suis une nana ») et qui l'empêchent d'avancer se prennent une sacrée engueulade : *« Je suis votre collègue, regardez pas mon sexe. Même si j'ai pas de bistouquette, j'ai le droit d'être là. C'est pas eux qui me feront reculer. »* Il faut dire que Monique n'est pas commode. Elle n'aime pas qu'on lui marche sur les pieds et elle n'a pas sa langue dans sa poche. Avec sa gouaille et son œil qui pétille, on dirait un mélange d'Annie Cordy et d'Arletty quand elle dit : *« Je suis pour la convivialité mais faut pas me faire chier. »* C'est Paris en concentré.

Évidemment, les touristes l'adorent, car elle leur raconte Paris, les dernières heures de Marie-Antoinette à la Conciergerie et lance à chacun : « *I love you, darling.* »

Avec les Parisiens, difficile d'être aussi prolixe, « ils font toujours la gueule, pas moyen de leur décrocher un sourire ». Et puis, ses références à elle, c'est plus celles d'aujourd'hui. Quand on lui demande quelles vedettes elle a transportées, elle répond Sim ou Carlos. « Eux, ils étaient gentils, des vrais seigneurs. Pas comme la Grande Catherine… »

Quand je lui demande si elle songe à s'arrêter, à 67 ans, elle est catégorique :

« Moi, je préfère crever dans mon taclard. »

9. LE MOMENT ROUSSELET

Il y a dans l'histoire des taxis en France un moment particulier : celui de l'après-guerre. C'est l'époque du renouveau, de la reconstruction, de la croissance sans chômage. C'est la France de nos parents, de nos grands-parents. Elle n'est pas si loin, elle semble pourtant n'avoir jamais existé. Dans cette France en noir et blanc, tout le monde travaille et tout le monde consomme.
Chaque jour, un nouveau produit apparaît : quelque chose de nouveau qu'on découvre grâce à la publicité ou quelque chose de moins cher qu'on peut enfin se payer grâce à la production de masse. À cette époque, le progrès semble être sans limites. Pour les taxis aussi, c'est l'âge d'or, celui de la bagnole reine, des premiers vrais embouteillages à Paris et de la création des centrales radio. Un homme incarne cette époque. Il est grand, impressionnant, séduisant : il s'appelle André Rousselet.

LE NUMÉRO 35

À 35 ans, André Rousselet a deux passions dans la vie : le jeu et François Mitterrand.

D'abord le jeu. Il aime les courses, les casinos et le poker. C'est pour lui un moyen de s'amuser, de découvrir la vie, de défier son père, de rencontrer des gens, de gagner de l'argent et surtout d'en perdre…

Ses carnets, ceux sur lesquels il a l'habitude d'inscrire des rendez-vous secrets, des prénoms féminins associés à des lieux de villégiature ou des idées politiques, sont surtout remplis de chiffres et d'initiales, des « AR doit à… » ou plus rarement des « X me doit… » qui racontent la vie du joueur invétéré qu'était André Rousselet.

Son autobiographie, parue peu de temps avant sa mort et intitulée ironiquement *À mi-parcours*, fourmille d'anecdotes et de scènes dans des casinos.

Un soir, à Vittel ou à Juan-les-Pins, il ne se souvient plus, les choses tournent mal. C'est la débâcle. Il est lessivé, fauché, avec un seul jeton en poche, quand soudain il sent qu'il faut jouer le 35.

Ce n'est pas une intuition, c'est une nécessité, comme si le jeton lui brûlait les doigts. Aucun autre numéro. Un seul numéro pour se refaire. Il mise… *« Et là, creux au plexus, adrénaline, espoir, attente interminable oui, le 35 sort ! Et je me refais. Et je gagne ! C'est comme ça que je vais devenir, toute ma vie, un maniaque du 35. »*

André Rousselet croit à la chance mais pas en Dieu. Comme son mentor politique : François Mitterrand. Lui aussi a connu la chance et plus d'une fois : au stalag en Allemagne, puis à Vichy et dans la Résistance, enfin sous les ors de la IVe République. C'est là qu'André Rousselet l'a rencontré. Il est devenu son chef de cabinet au ministère de la Justice.

Pourtant, en 1958, quand il frappe à la porte de Simca, la marque d'automobiles, André Rousselet n'est plus rien : sans emploi, sans avenir et sans appui. Ce n'est pas son rang de sous-préfet qui le sauvera. Avec le retour au pouvoir du général de Gaulle, le compagnonnage de François Mitterrand est devenu un handicap, a fait de lui un paria de l'Administration. L'ancien ministre (et futur président de la République) a tout perdu. Avec de Gaulle, il sait qu'il n'y a rien à espérer pour lui. Il traverse la période la plus noire de sa vie. Battu aux législatives, sans mandat, il se retrouve au cœur d'un scandale assourdissant : l'affaire de l'Observatoire. On lui reproche d'avoir organisé un faux attentat pour faire parler de lui. La France entière se moque. Il est seul ou presque.
André Rousselet raconte : *« Le simple choix d'aller dîner ou déjeuner au restaurant avec lui expose à des tensions inimaginables. Traverser une salle, rejoindre une table, c'est constater l'effarement, mesurer l'hostilité, le rejet, la haine que Mitterrand suscite. […] "Quoi ! Regardez mais c'est Mitterrand ! Qu'est-ce que cette ordure vient faire ici ?" »*

LIBR
ARISTIDE QUILLET
G7
AMPERE 28-30
9-200 PS 7-5

Document de campagne d'André Rousselet pour les élections législatives de 1967 à Toulouse.

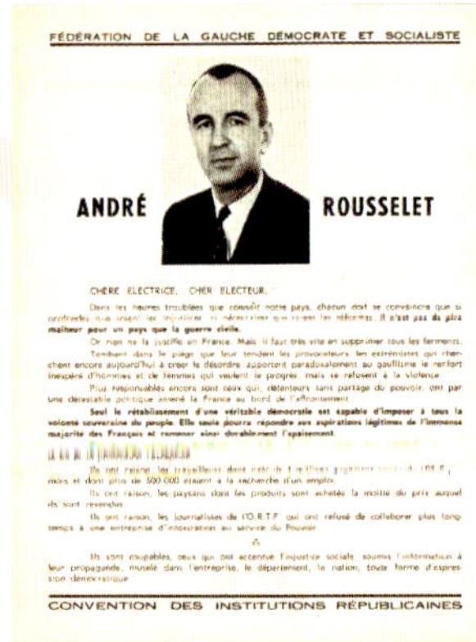

Alors, toute la petite bande qui l'accompagne se fait discrète. Les Dayan, Dumas, Mermaz, Fillioud, tous ces futurs maréchaux d'Empire du socialisme présidentiel baissent la tête, tentent de se faire oublier et cherchent du travail. André Rousselet, lui, choisit l'automobile.

Ce n'est pas pour sa proximité avec Mitterrand qu'il est embauché chez Simca mais pour ses qualités rédactionnelles. Henri Théodore Pigozzi, le patron, a besoin d'un plumitif, un « rond-de-cuir », pour s'atteler à la rédaction des courriers administratifs. Sans le savoir, André Rousselet vient de saisir la chance de sa vie.

Simca détient une filiale de 2 000 taxis, la G7, qui perd beaucoup d'argent. C'est une cible comme une autre. Rousselet n'y connaît rien, ça tombe bien. Après avoir été détenue par Renault dans les années 1920, la G7 a été rachetée par Simca à Panhard pour mettre en valeur le nouveau modèle de la marque, la Simca 1000, qu'on appelle aussi le « bébé-taxi », caisse noire et toit rouge.

Les garages sont disséminés un peu partout dans Paris et le patron de Simca, qui n'a jamais cru à l'avenir des taxis, veut s'en débarrasser. Les taxis consomment trop, beaucoup trop d'essence, et la vente de ces garages permettrait de réaliser une jolie plus-value financière.

André Rousselet va lui proposer de racheter d'abord 150 taxis à Simca en échange de la promesse de libérer les garages où ils se trouvent. Le jeune Rousselet n'a pas d'argent. Il emprunte auprès d'un autre Italien, Giorgio Schiff Giorgini, un banquier qui a fui Mussolini, comme Pigozzi.

La bande se constitue, 150 nouveaux taxis sont rachetés et plusieurs garages dans Paris et en petite couronne. C'est le début de quelque chose, comme aurait dit Mitterrand…

Le sens de l'organisation, la maîtrise des problèmes techniques et un don inné pour les affaires font d'André Rousselet un entrepreneur scrupuleux. Une organisation se met en place avec, dans chacun des lieux, un chef de garage, un chef d'atelier, des hommes et des femmes de confiance, fidèles et consciencieux.

« Ils sont une poignée à venir, dont un mécanicien épatant qui commence toutes ses phrases, quoi que je lui demande, par : "Vous savez, monsieur, le taxi, c'est spécial..." Ce sont des collaborateurs qui connaissent parfaitement l'entreprise, son histoire, son potentiel, et qui sont d'un dévouement extraordinaire. Ils sont contents de se retrouver avec un patron qui croit beaucoup plus au taxi que le précédent. »

Rousselet apprend vite et il a d'emblée les bonnes intuitions, comme lorsqu'il troque ses Ariane ruineuses en carburant pour des 403 Peugeot roulant au diesel ou quand il décide d'installer le central radio au siège de la société, 153, rue de Rome, pour contrôler l'activité des chauffeurs.

Et puis il y a la chance, encore une fois.

« C'est quoi, réussir ? On vous dira que c'est la capacité de saisir les opportunités. Soit. Mais est-ce que ces opportunités se présentent avec la même réalité à tout le monde ? Je ne le crois pas. C'est peut-être injuste, mais il y a des gens, quels que soient leurs talents, leurs qualités, qui ont plus de chance que d'autres. Moi, j'ai eu beaucoup, j'ai eu énormément de chance... Ce jour-là, le "35" est sorti ! »

En 1962, Rousselet rachète pour 12 millions de francs de l'époque les 1 800 taxis restants à Simca, qui ne comprend toujours pas l'intérêt qu'il y aurait à garder ces taxis.

Ce jour-là, la chance porte un nom, celui d'un nouvel avocat algérois, nommé Fernand Serfati, qui apporte une partie des fonds nécessaires et devient son associé. Il faut dire que Serfati a un autre atout dans sa manche : il est aussi le propriétaire du casino d'Annecy...

TAPER LE CARTON EN STATION

Quand André Rousselet prend possession de la G7, les taxis connaissent leur âge d'or. La voiture se démocratise, le réseau des transports en commun se modernise, les rues sont larges et bitumées.

Le vrai personnage du pavé parisien dans les années 1960, ce n'est pas encore l'étudiant de la Sorbonne aux cheveux longs, c'est le chauffeur de taxi à casquette. Il est partout : à tous les coins de rue, à chaque station, on le voit taper le carton avec ses collègues. À l'époque, il y a suffisamment de taxis, on en trouve facilement et ils roulent mieux qu'aujourd'hui... La circulation dans la capitale est encore plus ou moins fluide, surtout au regard de la situation actuelle. Alors, le taxi est le roi.

Ce qui n'a pas vraiment changé en revanche, ce sont les stations. À croire que ce sont les mêmes qu'en 1960 ! La mairie de Paris a bien commencé à en rénover quelques-unes mais à vrai dire il en reste encore beaucoup, beaucoup trop, qui ne ressemblent pas à grand-chose.

Pourtant, la station de taxis parisiens a eu un rôle important dans le développement des taxis dans la capitale. C'est même un symbole des années 1960,

Le central radio de la G7 dans les années 1970.

un signe de modernité : les taxis peuvent y stationner sans gêner la circulation et les clients appeler la station la plus proche pour faire venir à eux un taxi. À l'époque, rien de mieux pour rapprocher le client et le chauffeur ! Se développent donc dans Paris ces totems de couleur verte dotés d'un lumineux bleu. Quand il s'allume, c'est qu'un client l'appelle. Mais bien souvent il sonne dans le vide : ou bien il n'y a pas de taxis, ou le chauffeur ne le voit pas. Et puis quiconque a, un jour, essayé de parler dans ce totem sait ce que je veux dire : impossible d'entendre correctement une adresse. Ça crachote, ça toussote, bref, ça ne marche pas...

Dans « Un taxi passe », une chanson de 1971, Serge Reggiani raconte l'angoisse de ces appels dans le vide :

« La borne de taxi sonne désespérément.
Il n'y a personne pour répondre
Tous ces gens qui sonnent désespérément
Et qui ne trouvent jamais personne pour leur répondre
Un taxi passe à Montparnasse. »

Quand le taxi arrive enfin, il est trop tard. Elle est partie, très loin, sans doute à jamais. L'amour a fui.

Heureusement, le progrès est là : en 1956 on invente le radio-taxi et, en 1964, le central téléphonique, une idée révolutionnaire qui va faire les grandes heures de la G7. André Rousselet a compris que les chauffeurs de taxi ne pouvaient pas continuer à attendre des heures aux stations, à taper le carton. Il a donc l'idée de les mettre tous en relation et, moyennant un abonnement à la G7, de les abreuver de courses par radio aux quatre coins de Paris. Avec ce système, le chauffeur qui n'a pas peur de travailler est sans cesse au volant et la radio devient le deuxième moteur du taxi.

Devant son micro, une femme égrène les adresses dans Paris : *« 42, boulevard Richard-Lenoir... 12, rue Quincampoix... 25, rue Vilin... 8, rue Pierre-et-Marie-Curie. »* Quand un chauffeur est à proximité, il se saisit du petit micro qui se trouve à côté de la radio et dit simplement : *« Je prends. »*

À partir de là, le compteur tourne et la G7 décolle.

CITIZEN R

Le taxi mène à tout : à la fortune et même... à la télévision. Quand il meurt, en mai 2016, André Rousselet laisse derrière lui une empreinte indélébile sur l'histoire du taxi en France mais aussi dans d'autres secteurs économiques partout en Europe.

L'ancien joueur de poker, ancien sous-préfet de la République, est devenu entre-temps un homme d'affaires respecté, craint, admiré. Il est aussi l'exécuteur testamentaire de son ami, l'ancien président de la République François Mitterrand et, accessoirement, l'organisateur de ses obsèques...

Ces deux-là ne se sont jamais quittés, faisant de leur amitié une histoire française où se mélangent la politique, les affaires, les femmes. On sait à quel point François Mitterrand était fidèle aux hommes qui l'avaient aidé. Rousselet était du même bois sans jamais être du côté des flatteurs ou des courtisans. On a vérifié : il ne fut d'aucune ascension de la roche de Solutré. En 1965, puisque ses affaires marchent très bien désormais dans le taxi, il peut s'autoriser un retour en politique. Il devient trésorier de la première campagne présidentielle de François Mitterrand, celle où il mettra en ballottage, à la surprise générale, le général de Gaulle. Il faut bien aider ce florentin, ce romantique, ce Mitterrand qui ne comprend rien aux chiffres ni à l'économie mais tout à la psychologie des hommes et... des femmes.

Pour l'argent, la règle de Mitterrand était simple : il ne voulait rien savoir et, pour le reste, il avait une phrase toute prête : « Voyez Rousselet... » C'est ainsi que le patron fut un des seuls à connaître très tôt l'existence de Mazarine...

André Rousselet.

Contrairement à ce qui a été souvent dit, le futur président n'a jamais été avocat de la G7. En revanche, comme il lui fallait bien trouver un endroit discret pour préparer ses interventions télévisées, celles qu'il détestait le plus, un bureau vide de la compagnie de taxis fut réquisitionné le temps de la campagne présidentielle de 1965.

Comme on sait, Mitterrand n'est pas devenu président cette fois-là. Son heure n'était pas encore venue. Il continua donc sa longue marche, accompagné de ce carré de fidèles qui ne le lâchera plus jamais. Les formations politiques se succédèrent : la Convention des institutions républicaines, la Fédération de la gauche démocrate et socialiste, bientôt le Parti socialiste.

André Rousselet, toujours dans l'ombre mais toujours présent, accepta même en 1967 de devenir député de Toulouse, une période pendant laquelle il manqua de perdre le contrôle de la G7, trahi par Fernand Serfati, son associé devenu son adversaire. Une fois les élections législatives de juin 1968 perdues, débarrassé d'un mandat parlementaire qu'il détestait exercer, il racheta les actions de sa société une par une, garage par garage.

En 1973, le numéro 35 sortit à nouveau : l'État autorisa le rachat des licences à titre individuel. Chaque chauffeur allait pouvoir devenir son propre patron, tout en restant client de la G7. C'était la fortune, celle qui met à l'abri définitivement. Devenir riche n'a jamais été un problème pour lui, il l'assumait sans mener grand train, toujours discret et silencieux.

En 1981, quand François Mitterrand accède enfin à la présidence de la République, André Rousselet devient son directeur de cabinet, un des postes les plus importants dans la hiérarchie du Château. D'un œil, il surveille la politique économique du gouvernement, qui rencontre très vite ses premières difficultés sur le front monétaire. De l'autre, il suit l'évolution de son entreprise.

Fin 1981, quand la gauche vote la détaxe de carburant pour les taxis, André Rousselet est aux anges : c'est bon pour le pouvoir d'achat des artisans taxis et c'est bon pour son entreprise. La victoire de la CGT est aussi une victoire de la G7. Les intérêts sont convergents, comme on dit en langage syndical. Le prix des licences s'envole.

Mais André Rousselet ne veut pas s'arrêter là. Il a d'autres ambitions et a compris depuis longtemps que le monde a changé : savoir communiquer est devenu aussi important que savoir produire. La communication est la grande industrie de demain et, quand il quitte l'Élysée, André Rousselet prend la direction de Havas.

Avec l'âge, il ressemble de plus en plus à une sculpture de Giacometti, à un *condottiere*, et il se dégage de sa personne une prestance, une autorité naturelle, une séduction froide. Certains de ses amis, qui le craignent encore plus qu'ils craignent Mitterrand, l'appellent « l'autre président »...

En 1984, à 62 ans, le nouveau président de Havas, l'ancien patron de la G7, le joueur invétéré qu'est André Rousselet décide une fois de plus de « faire tapis ». Il prend tous les risques en se lançant dans l'aventure Canal+, la première chaîne cryptée d'Europe.

Les débuts sont difficiles, les abonnements tardent à venir. Quand, au bout d'un an, les caisses sont vides, l'heure des choix est venue.

Le garage de la G7
à Saint-Ouen.

1189
EMI
MERCEDES
SPORT MAXX

L'équipe du garage de la G7 à Saint-Ouen au complet.

Le Premier ministre de l'époque, Laurent Fabius, plaide pour un rapprochement avec Silvio Berlusconi, qui rêve d'étendre son empire au-delà des Alpes. François Mitterrand s'en méfie et prévient son ami que l'homme d'affaires italien sera sans scrupule.

Quand il fait le voyage en Italie pour sceller l'accord, André Rousselet sait à quoi s'en tenir et il ne va pas être déçu. À la table des négociations, ce n'est plus une offre de partenariat mais une prise de contrôle de la chaîne française que propose Silvio Berlusconi. « Place aux vrais spécialistes de la télévision ! », c'est en substance le message des Italiens. C'est le moment que choisit André Rousselet pour se lever et prononcer ces mots historiques à l'adresse du Cavaliere : *« Appelez-moi un taxi ! »*

L'accord ne se fera jamais, pour le plus grand bien de Canal+, mais ne retardera l'arrivée de Silvio Berlusconi que de quelques mois. En 1986, il créera une nouvelle chaîne privée : La Cinquième.

Grâce à l'aventure Canal+, André Rousselet est donc devenu un grand patron de médias, un Citizen K à la française.

La G7 est alors dirigée par Jean-Jacques Augier, un de ses proches, et la compagnie continue à accroître son emprise sur le marché du taxi parisien en rachetant Les Taxis bleus, son principal concurrent, en 1993.

On estime que plus de 150 000 chauffeurs de taxi, représentant une centaine de nationalités différentes, sont passés un jour ou l'autre par la G7. Ils ont transporté plus de 1 milliard de personnes.

En 1996, le saut générationnel a lieu et Nicolas Rousselet prend la direction du groupe.

Autant le père aimait la lumière, autant le fils cultive la discrétion. Méfiant à l'égard de la presse et des médias, il n'en garde pas moins de solides réseaux et une capacité d'influence importante auprès de tous les gouvernements.

Une fois aux commandes, Nicolas Rousselet choisit de développer progressivement les activités complémentaires au taxi, comme la location de voitures avec ADA ou le partage de mètres carrés de stockage avec Homebox. Ce faisant, il renforce encore les activités d'un groupe qui porte aujourd'hui le nom de sa famille : Rousselet est devenu une marque.

Mais l'arrivée d'Uber oblige la G7 à la plus importante remise en cause de son existence. Ce qu'André Rousselet avait fait intuitivement en mettant en relation les chauffeurs de taxi grâce au central radio, le géant américain le répète cinquante ans après avec son application et ses algorithmes.

Nicolas Rousselet.

Il faut donc tout revoir : la qualité de service, la mise en relation entre les clients et les chauffeurs, l'application numérique, les tarifs de réservation, la stratégie de communication. C'est la tâche, exaltante et difficile, de Nicolas Rousselet et de ses équipes. Si le slogan n'avait pas été aussi dévoyé, on oserait dire que « Le changement, c'est maintenant » pour les taxis parisiens…

Pierre Lescure, l'ancien directeur général de Canal+ à ses débuts, résume ce qu'a été André Rousselet pour lui :

« Il a changé ma vie, la rendant plus belle. Nous sommes des dizaines, des centaines qui l'avons rencontré en 1984 et dont il a changé la vie. »

Changer la vie, ça ne vous rappelle rien ?

UBER

10. LES NOUVEAUX CONQUÉRANTS

À partir de 2009, une entreprise décide, en s'appuyant sur l'apparition des smartphones, de révolutionner le transport de personnes dans nos villes.
Symbole à elle seule de la révolution numérique et synonyme de disruption économique, Uber devient partout dans le monde le nouveau phénomène de l'économie 2.0 et le concurrent direct des taxis. En quelques années, Uber s'infiltre partout : plus de 80 pays et près de 700 villes connaissent aujourd'hui ces quatre lettres et ont vu l'application se développer.
Plus étonnant encore, l'essor de l'entreprise crée un nouveau modèle de société. Uber ne révolutionne pas seulement le transport, Uber invente une nouvelle façon de travailler, une nouvelle économie.
En quelques mois, ce nom entre dans le langage courant : l'ubérisation du monde est devenue une expression à la mode et elle concerne tous les secteurs d'activité, sans qu'on sache vraiment à quoi elle correspond…

Pourtant, cette réussite a une face cachée. Derrière les succès, il y a des résultats financiers catastrophiques qui conduiraient immédiatement n'importe quelle autre entreprise à la faillite ; derrière les discours sur le nécessaire développement des « énergies créatives », des méthodes de management directives ; et derrière le sourire de Travis Kalanick, la réalité d'un « *serial* entrepreneur » sans scrupule…

UNE CONCURRENCE QUI SE FAIT UN NOM

La légende veut que l'idée leur soit venue, en 2008, lors d'un voyage à Paris pour participer au Salon LeWeb, une rencontre des entreprises du numérique au cours de laquelle Garrett Camp, Oscar Salazar et Travis Kalanick n'auraient pas trouvé de taxis disponibles.

À la même époque, Nicolas Sarkozy a mis en place une « commission chargée de libérer la croissance française », présidée par Jacques Attali.

Cette commission, faisant le même constat d'un manque criant de taxis dans la capitale, proposera d'augmenter le nombre de taxis parisiens et de créer, en parallèle, un nouveau service destiné à la réservation de véhicules, ceux qu'on appellera désormais les VTC.

Le secrétaire général de cette commission, autrement dit le bras droit de Jacques Attali, celui qui tiendra la plume lors de la rédaction du rapport final, n'est autre qu'Emmanuel Macron...

De retour à San Francisco, les trois associés décident de se lancer et de créer un service de taxis amélioré. C'est de là que vient le nom. Uber n'est qu'un diminutif d'« UberCab », autrement dit « Super Taxi ».

Travis Kalanick.

Le succès est foudroyant et c'est la preuve que le service répondait à un véritable besoin. Sur la côte Ouest, en plein cœur de l'Amérique 2.0, les clients se ruent sur la nouvelle application et les levées de fonds s'enchaînent, toujours plus importantes : 32 millions de dollars en 2012, 800 millions en 2013, 1,2 milliard en juin 2014 et 1,2 milliard à nouveau en décembre 2014.

Les nouveaux actionnaires s'appellent Goldman Sachs, Jeff Bezos – le fondateur d'Amazon – ou encore Google. À cette époque, le patron d'Uber, Travis Kalanick, déclare que le chiffre d'affaires double tous les six mois.

Travis Kalanick a beau porter le prénom du chauffeur de taxi le plus célèbre du cinéma, celui de *Taxi Driver*, il ne les aime pas. Dans une interview de 2011, reprise dans le magazine *Society* en juillet 2017, il expose sa stratégie :

« Mon adversaire s'appelle taxi. Personne ne l'aime, ce n'est pas un type sympa. Mais il est tellement intégré dans le système et dans la machinerie politique que beaucoup de gens lui doivent des services. »

Pour tester la résistance des politiques, il s'attaque en priorité au maire de New York, Bill de Blasio, qu'il soupçonne en 2015 de préparer une loi favorable aux *yellow cabs*. En quelques jours, le maire et ses conseillers reçoivent plus d'un million de coups de téléphone de New-Yorkais.

Travis n'aime pas qu'on lui résiste. Ni ses associés, ni les membres du comité exécutif, ni les autorités publiques et encore moins les chauffeurs ne sont autorisés à le contredire.

Pour comprendre son histoire, il faut remonter au début de l'aventure des sites de musique en ligne. En 1998, Travis Kalanick abandonne les cours à la fac pour créer Sour, un service d'échange de fichier peer-to-peer. Pour lui, le CD va disparaître et l'industrie de la musique est dépassée. Là où la majorité ne sent rien, Travis flaire les opportunités. Pas par passion pour la musique ou par amour du partage...

La Motion Picture Association of America, la plus grande société de droits d'auteur aux États-Unis, l'attaque pour vol. Sa société se retrouve en faillite, mais rien ne l'arrête, il en crée une autre. Le mot d'ordre, c'est continuer et viser toujours plus haut. Ceux qui l'ont connu à cette époque disent qu'il avait déjà une mentalité de hacker. Il pense comme un cannibale, il agit comme un prédateur.

Dans une vidéo, obtenue par le site Bloomberg et diffusée sur YouTube en 2017, on le voit échanger avec deux femmes à l'arrière d'un véhicule UberBlack, la ligne haut de gamme de la marque.

Quand l'une d'elles lui dit : « J'ai entendu dire que tu traversais une année difficile », il répond du tac au tac : *« Je prends soin de m'assurer que chaque année soit une année difficile. C'est comme ça que je m'éclate. Je fais en sorte que chaque année soit bien compliquée. Si c'est trop facile, ça veut dire que je n'y vais pas assez fort. »*

Après le départ des clientes, c'est au chauffeur d'essuyer à son tour la mauvaise humeur de Travis. Quand il lui reproche d'être de moins en moins payé à chaque course, le patron d'Uber lui répond : *« Certains mecs n'aiment pas endosser la responsabilité de leur propre merde, ils cherchent des coupables pour les problèmes qu'ils ont eux-mêmes créés. »* La vidéo a fait grand bruit, à tel point que les actionnaires lui auraient demandé de quitter l'entreprise. Officiellement, Travis Kalanick avait besoin de repos à la suite du décès de sa mère et de tourner la page.

Depuis, le *bad boy* est parti se chercher un autre avenir dans l'immobilier, mais les problèmes restent et, notamment, les mauvais résultats financiers que peine de plus en plus à cacher l'expansion internationale d'Uber.

Comme le décrit Nick Srnicek, professeur d'économie politique à l'université de Londres et auteur d'un livre de référence sur les plateformes numériques intitulé *Platform Capitalism*, les grandes entreprises du numérique ont un objectif similaire à celles qui les ont précédées : accroître toujours plus leur part de marché pour tendre vers le monopole. Mais, pour cela, elles disposent de moyens plus efficaces et plus rapides : l'utilisation des données personnelles.

Un taxi allemand fait de la publicité pour Uber.

« Cette tendance à rechercher le monopole est due à ce qu'on appelle l'effet de réseau : plus il y a d'utilisateurs au sein d'un réseau, plus la plateforme récolte de données, ce qui la rend encore plus efficace et encourage de nouveaux utilisateurs à la rejoindre. Cette dynamique a été à

l'œuvre dans la croissance de tous les monopoles du numérique comme Google, Amazon, Facebook, Wikipédia, ou eBay. »

Compte tenu de ses pertes abyssales, pour continuer à financer son développement, Uber doit toujours avancer de nouveaux projets. Après les taxis, la livraison de repas avec Uber Eats, les voitures autonomes en partenariat puis en concurrence avec Google, les ascenseurs...

Chaque année, une levée de fonds a lieu pour combler le passif de l'année précédente et un projet nouveau est susceptible d'attirer la curiosité des médias économiques et donc de nouveaux investisseurs.

Pour reprendre une image triviale et sans doute peu adaptée à la nouvelle économie, l'entreprise Uber ressemble de plus en plus à un vélo lancé à toute vitesse dans la pente : elle ne peut pas s'arrêter, sinon elle tombe.

C'est la question que tout le monde se pose : Uber, jusqu'à quand ?

LA COLÈRE GRONDE

Depuis sa création, en 2009, l'entreprise a provoqué des contestations dans un grand nombre de pays. Partout où elle est passée, la colère a grondé et elle gronde encore.

En 2012, Paris a été la première ville hors des États-Unis où Travis Kalanick a choisi d'installer Uber, en souvenir sans doute de son séjour de 2008 au cours duquel il avait vainement cherché un taxi. Comme on l'a vu, son arrivée a donné lieu à de fortes mobilisations et de violentes manifestations.

La mission que j'ai conduite afin de sortir du conflit a permis de faire se rencontrer pour la première fois les acteurs d'un système qui jusqu'alors ne se parlaient pas.

Je me souviens de la première réunion à l'Assemblée nationale en présence des représentants des deux camps où chacun se jaugeait du regard. Il avait fallu pas mal de temps pour que les taxis acceptent d'être en présence d'Uber et des autres VTC. Il le fallait et une mission, si délicate soit-elle, ne pouvait réussir sans ce moment de catharsis où les uns et les autres finirent par se parler.

À l'époque, la situation s'était envenimée, car aucun cadre légal ou réglementaire n'avait été posé par le gouvernement de Nicolas Sarkozy lorsqu'il avait décidé de créer les VTC.

Un taxi brésilien manifeste contre Uber.

Au bout du chemin, il y eut, comme souvent en France, une loi : la première qui régula dans notre pays les relations entre plateformes numériques et acteurs de l'économie traditionnelle et qui permit à chacun de travailler avec les outils d'aujourd'hui.

Dans le reste de l'Europe aussi, le régulateur s'empara du sujet Uber, même si, le plus souvent, ce furent les grandes villes qui durent légiférer sur cette question.

Ainsi, d'une ville à l'autre, la réglementation peut être différente et, en Espagne par exemple, Uber a été interdit à Madrid et autorisé à Barcelone.

En revanche, toutes les grandes villes allemandes, Francfort, Hambourg, Düsseldorf et surtout Berlin, ont interdit Uber. Il faut dire qu'en Allemagne les licences de taxi s'obtiennent gratuitement ou se louent très facilement. Le nombre de taxis en circulation est donc très important.

En Italie, Turin et Rome ont légiféré pour interdire Uber.

La contestation ne s'est pas arrêtée au Vieux Continent, souvent considéré comme plus protecteur pour les monopoles et donc les taxis. En réalité, de même que le développement d'Uber a été mondial, de même la contestation a gagné tous les continents.

En décembre 2014, le viol présumé d'une cliente par un chauffeur Uber en Inde a provoqué une manifestation monstre contre l'application, puis elle a été interdite.

En Chine, Uber exerçait dans 11 villes et a réalisé jusqu'à 1 million de courses. À partir de 2015, sous la pression des chauffeurs de taxi, le gouvernement a engagé des poursuites et interdit l'application pour des « raisons de sécurité intérieure ». Les bureaux de l'entreprise ont été perquisitionnés. Depuis, Uber a quitté la Chine, laissant le marché à Didi, l'Uber chinois qui bénéficie du soutien des autorités de Pékin.

Au Brésil, en mai 2015, une manifestation sans précédent a réuni des dizaines de milliers de chauffeurs de taxi derrière le slogan : *« À Rio, le taxi est jaune. »*

Débarqué en Argentine en mars 2016, Uber n'a même pas tenu un an et a été banni du pays à la suite d'une décision de justice en janvier 2017.

En Colombie, l'opposition des taxis, soutenus par le pouvoir, s'est faite plus violente avec des agressions au pistolet entre chauffeurs, des arrestations illégales, des accidents volontaires.

L'avocate à l'origine de la première plainte s'appelle Shannon Liss-Riordan. Mais, aux États-Unis, on l'appelle « Shannon la Massue ». Elle s'est fait une spécialité d'attaquer les entreprises de l'économie collaborative et elle a d'abord eu gain de cause contre le service de livraison FedEx, qui emploie aussi des indépendants. Outre Uber, l'avocate attaque son concurrent Lyft, ainsi qu'Instacart, Shyp et Postmates, des sites de livraison qui fonctionnent sur le même modèle que le roi des transports urbains.

Les plaignants estiment qu'ils devraient bénéficier du statut de salariés, avec ses avantages : Sécu, retraite, chômage, congés payés...

Uber, comme souvent, rappelle qu'il ne fait que mettre en relation des utilisateurs de son application. Son activité n'est pas le transport, mais un service informatique, dont les employés de son cœur de métier, informaticiens et autres, sont salariés.

Ancien secrétaire d'État au Travail sous Clinton et excellent analyste du marché de l'emploi aux États-Unis, Robert Reich a récemment rebaptisé ce secteur l'« économie du partage des restes ». Pour lui, l'arrivée d'Uber symbolise la tendance actuelle à l'effritement du salariat et signe le retour du travail à la tâche.

Déjà, en 1956, dans *Le Travail en miettes*, le sociologue Georges Friedmann avait ouvert le débat sur la perte de sens du travail provoquée par la division extrême des tâches.

Aujourd'hui, une nouvelle étape est à l'œuvre : l'émiettement semble devoir concerner non plus seulement les tâches entre elles mais bien les travailleurs eux-mêmes, de plus en plus transformés en autoentrepreneurs appelés à ramasser des miettes d'activité microrémunérées, là où ils pourront en trouver.

Stade extrême de la précarisation, l'ubérisation de l'économie signifie-t-elle la fin du travail tel qu'on l'a connu au XXe siècle ? C'est une question à laquelle Michel de La Teigne pourrait répondre. De son vrai nom Juan Romano Chucalescu, taxi depuis trente-quatre ans à Paris, l'homme est aussi philosophe que son pseudo peut le laisser supposer, et publie chaque semaine une planche de bande dessinée qui raconte son quotidien de chauffeur.

Sur son blog, il brocarde tout à la fois ses clients célèbres, avocats, politiques, animateurs de la télévision, vedettes du moment, et les mauvaises habitudes de celles et ceux, anonymes, qui, portable collé à l'oreille, ne daignent même pas lui parler.

Il prévient d'entrée de jeu : *« Je n'invente pas la bêtise des gens. Elle est bien réelle. Croyez-moi, la stupidité de mes congénères dépasse de très loin les limites de mon imagination. »*

Les dessins, toujours accompagnés d'un texte philosophique et militant, sont comment dire… urticants. On a parfois l'impression que Michel de La Teigne va sortir du cadre pour vous en coller une. En somme, ce qu'il préfère, c'est *« quand un client avec une sale gueule la ferme et [le] laisse écouter FIP en conduisant »*.

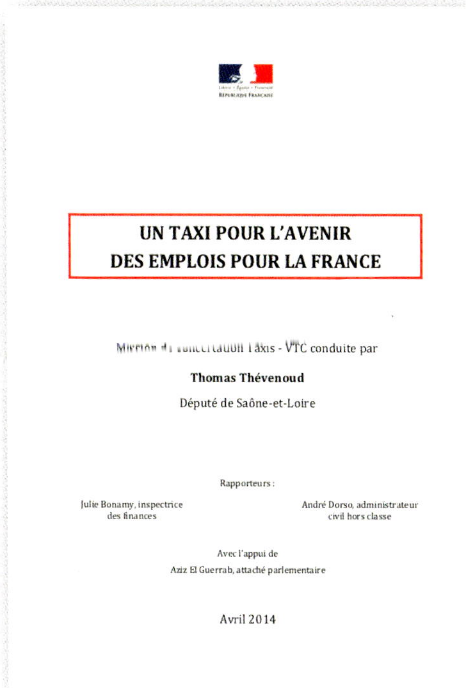

UN TAXI POUR L'AVENIR
DES EMPLOIS POUR LA FRANCE

Mission de concertation Taxis - VTC conduite par

Thomas Thévenoud

Député de Saône-et-Loire

Rapporteurs :

Julie Bonamy, inspectrice des finances

André Dorso, administrateur civil hors classe

Avec l'appui de

Aziz El Guerrab, attaché parlementaire

Avril 2014

Quand je l'appelle pour lui proposer d'être dans ce livre, je n'en mène pas large. D'abord surpris par ma démarche, il m'avoue être devant un cas de conscience. Michel de La Teigne n'a pas envie de répondre à la commande de quelqu'un comme moi. Il n'aime pas beaucoup les hommes politiques, même reconvertis dans l'écriture d'un livre sur les taxis, même (et surtout je suppose) sociaux-démocrates. La courtoisie lui interdit d'en dire plus, mais je comprends…

En revanche, si je souhaite reproduire une planche déjà existante sur Uber, pourquoi pas… Celle que je choisis résume la confrontation de deux mondes : celui de la Parisienne pressée qui redécouvre le taxi et celui du chauffeur traditionnel incarné par Michel de La Teigne.

Dans le texte qui l'accompagne, il élargit le propos à l'ensemble de l'économie collaborative : *« Il n'y a même pas de nouveau service : dans ma jeunesse, tout le monde prêtait son appartement à des amis ou prenait des inconnus en stop. Nous n'avons jamais eu besoin qu'Airbnb nous parle d'hospitalité – quel cynisme – pour cela. »*

Michel est donc bien philosophe. Dans son taxi, il mesure la valeur du temps qui passe.

Quand je lui demande la raison qui l'a poussé à publier ses premiers dessins, en janvier 2017, il a cette phrase : « Ça fait du bien de faire autre chose. » J'aurais pu dire la même chose…

#72

COUSIN UBER

LES FRÈRES ENNEMIS

Loin de distinguer entre les anciens et les modernes, entre les méchants taxis et les gentils VTC, le marché du transport de personnes tend aujourd'hui à s'uniformiser dans nos villes. Ceux qu'on présentait, il y a quelques mois encore, comme des ennemis irréductibles se ressemblent de plus en plus. Le métier est le même et la qualité de service se rapproche.

Surtout, les taxis ont accepté de se moderniser tandis que les VTC voyaient leur activité de plus en plus encadrée. Petit à petit, les chauffeurs ont (presque tous) accepté l'usage de la carte bancaire, et le paiement au forfait pour les courses vers l'aéroport s'est imposé.

Ils ont adopté aussi le meilleur des comportements des VTC. De plus en plus souvent, ils offrent le calme et le silence à bord, une tablette pour les enfants, une connexion Wi-Fi et des chargeurs de batterie pour les grands, parfois même une bouteille d'eau et quelques bonbons...

Surtout, les grandes compagnies de taxis ont décidé de reconsidérer leurs pratiques et de moderniser leur image.

Aujourd'hui, avec le développement des plateformes de VTC, le forfait se généralise dans de nombreux pays. Il devient même la règle pour les courses vers les aéroports, comme à New York, Madrid et désormais à Paris. Le compteur, qui était autrefois l'apanage des taxis, ne sert plus à chaque course.

Le paiement au forfait a, évidemment, le mérite d'être plus simple à comprendre pour le consommateur, surtout pour celui qui arrive dans un pays qu'il ne connaît pas. Avec l'assurance de payer le même prix, qu'il y ait ou non des embouteillages, le client est, grâce à son smartphone, un peu partout chez lui.

Et si les chauffeurs de taxi préfèrent encore le compteur qui les rattache aux tarifs réglementés, donc à la protection de la puissance publique, ils comprennent l'avantage d'une tarification simple et lisible. À Paris, personne ne voudrait revenir en arrière, comme si, par une ruse de l'histoire, ce qui devait protéger le consommateur servait aujourd'hui à protéger les intérêts du chauffeur.

Même chose pour ce qu'on appelle, dans le langage des taxis, la « course d'approche ». En France, elle est, elle aussi depuis 2014, forfaitisée. Il est donc devenu inutile de faire trois fois le tour du pâté de maisons avant de charger un client ou de faire croire qu'on a été bloqué derrière un camion de livraison pour faire « chauffer la gamelle ». Le numérique change tout. Désormais, on peut voir les taxis arriver en temps réel sur son portable. Difficile dans ces conditions de prendre la « route de Shanghai »...

Planche originale de Michel de la Teigne.

Le taxi évolue et c'est tant mieux. Il s'adapte au monde moderne et aux nouveaux besoins du consommateur. Reste la question du prix de la licence, la fameuse « plaque », dont l'achat, le plus souvent à crédit, constitue un investissement pour l'avenir.

Quand on achète sa licence, on se crée un patrimoine pour la suite. Une licence, c'est comme un appartement dans lequel on investit, un pavillon de banlieue, un toit pour la retraite. Acheter sa licence, c'est mettre de côté pour ses vieux jours, mais c'est aussi se constituer un capital pour faire autre chose que chauffeur de taxi.

C'est la raison pour laquelle la licence a toujours été pour les taxis un sujet de grande inquiétude. Jusqu'en 1995 et la loi dite Pasqua, les licences, appelées « autorisations de stationnement » en langage administratif, n'étaient pas cessibles en France. Elles s'obtenaient en s'inscrivant sur une liste de la préfecture de police.

Il fallait attendre très longtemps, compte tenu du *numerus clausus* en application, et les chauffeurs s'impatientaient. Un marché parallèle de revente des licences s'était donc mis en place.

Disons-le tout net : ce marché donnait lieu à tous les trafics, tous les arrangements. L'autorité administrative délivrait dans des conditions de transparence très aléatoires les précieuses « autorisations », qui étaient ensuite revendues sans aucun contrôle.

Chacun y allait de ses connaissances au sein de la préfecture de police pour obtenir la précieuse licence. On raconte que beaucoup en profitèrent : hommes politiques influents, surtout à Paris, leaders syndicaux, personnalités du monde économique et de celui des médias. La licence était devenue une récompense pour services rendus au ministère de l'Intérieur.

Aujourd'hui, l'inscription administrative pour obtenir une licence existe toujours, mais il faut attendre près de dix ans pour cela.

Le marché de la licence a beaucoup fluctué ces dernières années mais pas toujours « de manière pure et parfaite », comme le disent les économistes.

Il faut dire qu'aucun contrôle de l'origine des fonds n'est pratiqué au moment de l'achat d'une licence, juste un enregistrement administratif rue des Morillons et le paiement, comme il se doit, d'une taxe pour droit de mutation. Investir dans un taxi quand on a de l'argent, et en particulier de l'argent liquide, est donc extrêmement facile.

Sur ce point, la loi de 2014 a là encore régulé les choses en rendant les nouvelles licences désormais incessibles.

Étrangement, c'est juste après l'arrivée des VTC et d'Uber que le prix de la licence s'est envolé pour atteindre jusqu'à 250 000 euros.

On ne peut pas empêcher le marché de spéculer et les détenteurs d'un nombre important de plaques de jouer leur rôle pour l'orienter… Pour mémoire, la G7 détient aujourd'hui plus de 600 licences de taxis en direct.

Aujourd'hui, les choses se sont un peu équilibrées et le prix des licences a beaucoup baissé. La bulle a explosé.

Illustration originale de Fabienne Legrand.

En fin de compte, **n'importe qui** peut être chauffeur Uber...
TRANSPORT PUBLIC ROUTIER COLLECTIF DE PERSONNES
Père-Noël

L'espérance n'est pas moins forte dans le camp des chauffeurs de VTC. On a volontairement mis en scène le conflit entre les taxis et la multinationale Uber, qui serait un révélateur de changements que connaissent nos économies sous le coup de la révolution numérique.

En réalité, on a beaucoup exagéré le combat entre les taxis et les VTC. Les chauffeurs sont souvent les mêmes : des voisins de palier, des cousins, parfois même des frères.

Ils habitent le même département, le même quartier, la même rue. Ce que révèle surtout cette crise, c'est la volonté d'hommes et de femmes qui cherchent à s'en sortir, à se sortir du chômage, des trafics pour certains d'entre eux, de la galère pour la plupart.

Comme des frères ennemis, on a cherché à opposer le chauffeur de taxi au chauffeur de VTC, en feignant d'oublier que c'est le même métier, parfois la même précarité malheureusement...

Quelle différence entre celui qui emprunte à la banque les fonds nécessaires à l'achat d'une licence de taxi et celui qui doit rouler toujours plus pour parvenir à boucler la fin du mois en s'acquittant de la commission qui lui est imposée par Uber ou une autre application ?
Il n'y a pas deux catégories de chauffeurs, il y a l'histoire éternelle du taxi, celle d'une vie de travail difficile passée au volant d'une voiture, au maximum onze heures par jour pour les taxis, parfois plus... pour les VTC.

S'il y en a un qui ne veut pas les monter les uns contre les autres, c'est bien Hocine Yousfi.

Kabyle, marié avec une Bretonne et chauffeur de taxi depuis trente ans à Paris, il ne peut pas conduire sans avoir à portée de main son téléphone portable. Très connu sur les réseaux sociaux, il s'est fait une spécialité : les « selfies taxis ».
Dès qu'il peut, il se prend en photo avec ses passagers, pas seulement les célèbres, pas seulement les VIP, tous ceux qui sourient et qu'il fait rire.

Je le retrouve entre deux courses dans un café très fréquenté par ses collègues et il est tout heureux de me rencontrer pour parler de l'avenir du métier. Hocine n'est pas pessimiste, il y croit encore.

Avec son grand sourire, il plaisante sur ses collègues :

« Pour moi, le taxi devrait adopter deux ou trois règles simples. Ne jamais écouter RMC le matin. C'est trop déprimant, toutes ces mauvaises nouvelles. Moi, je vais sur Wikipédia pour préparer ma journée de travail. J'apprends chaque jour des choses nouvelles sur Paris et je prépare mes quiz. »

Hocine Yousfi.

Plutôt que l'éternelle conversation sur le temps qu'il fait, il propose aux touristes qui montent dans son taxi de répondre à quelques questions sur l'histoire de la capitale, en échange de quoi ses clients peuvent recevoir une récompense.

Celui qui répond juste à toutes les questions gagne le montant de la course.

« Qu'est-ce que c'est une course une fois par mois ? Et puis c'est comme ça qu'on changera l'image du taxi. En vérité, il faut arrêter de critiquer Uber. Uber nous a donné un grand coup de pied au cul, ça nous a fait du bien… »

En disant ça, Hocine sait bien qu'il ne se fait pas que des amis dans le métier. Mais il s'en moque… Pour lui, le taxi, c'est d'abord le chauffeur : avec sa gueule, sa gentillesse, sa bonne humeur, sa bienveillance. Sans lui, pas de taxi possible.

À condition de comprendre que tout a changé et qu'il faut savoir accueillir comme il se doit le monde entier dans son taxi. Les visages de ses clients souriants à l'arrière de son taxi défilent sur ses comptes Facebook et Twitter comme autant de preuves que le taxi a encore de beaux jours devant lui.

TAXI
Nation
XX-XXX-XX
TAXI
26
56
86

LE MONDE SERAIT IMPOSSIBLE SANS TAXIS

Notre voyage prend fin : tour du monde d'un métier qui a longtemps inspiré les cinéastes, les artistes, les écrivains, un métier qui symbolisait autrefois l'espoir d'une vie meilleure et est devenu aujourd'hui un symbole de la transformation du monde.

Le taxi survivra-t-il à ces changements, à la révolution numérique, à l'apparition des véhicules connectés ? Le taxi a-t-il encore un avenir ? On me pose souvent ces questions et je n'ai pas pu réaliser un seul entretien pour préparer ce livre sans qu'un doute s'exprime sur la suite de l'histoire du taxi.

Pourtant, comme Hocine Yousfi et comme d'autres, j'y crois encore. Oui, le taxi a un avenir : différent bien sûr de ce qu'il a été, mais plus important qu'on ne croit.

Quand je me suis occupé pour la première fois de ce sujet, les spécialistes prédisaient la disparition des compagnies de taxis en quelques années. On en est loin. Les mêmes prophètes, toujours aveuglés par les réussites d'un jour, parient maintenant sur la voiture autonome, qui devrait nous débarrasser définitivement du chauffeur de taxi...

Après avoir apporté leur concours à la réussite fulgurante d'Uber en participant chaque jour à sa promotion médiatique, ils misent cette fois-ci sur la voiture autonome, oubliant encore que la transformation numérique, ni meilleure ni pire que les précédentes révolutions industrielles, mettra du temps à s'imposer.

En attendant, elle s'accompagnera de protections nouvelles pour le consommateur et aussi de nouveaux droits pour le..., mais comment l'appeler ? salarié déguisé, autoentrepreneur ou travailleur indépendant ?

Le monde économique, même à l'heure des applications, a besoin de règles et de protections. Cette conviction s'impose peu à peu dans le domaine du numérique.

La réalité reprend toujours ses droits et si le taxi continue sa route, sans doute sous d'autres formes, sans doute avec de nouveaux concurrents, nous aurons toujours besoin de garanties avant de confier notre sécurité à quelqu'un pour aller d'un endroit à l'autre.

Prenons l'exemple de Dubaï, ce pays-confetti, tête d'épingle de la modernité et de la mondialisation, où on a testé le 25 septembre 2017 les premiers taxis volants sans chauffeur.

Le rêve des auteurs de bande dessinée et des cinéastes les plus fous est donc devenu réalité.

Même si, pour l'instant, il ne s'agit encore que de prototypes, l'Autorité de régulation des transports de Dubaï, pays pourtant excessivement libéral du point de vue économique, a d'ores et déjà annoncé que le constructeur devrait respecter quelques principes propres à l'aviation civile. On ne craint pas tant les embouteillages que les crashs.

Ces engins volants, dotés chacun de 18 moteurs à propulsion électrique, peuvent transporter deux passagers à une altitude de 120 mètres et avec une autonomie de trente minutes.

Leur prix : environ 250 000 euros pièce. Selon leurs concepteurs, ils ont un autre avantage que celui d'éviter les encombrements du trafic : plus besoin de chauffeur, ils se conduisent à distance, à l'aide d'un smartphone et d'une application.

Alors vive les taxis volants et vive l'intelligence artificielle ! Surtout, vive celles et ceux qui seront chargés de réglementer ces nouveaux services pour assurer notre protection ! Les années qui viennent leur réservent de beaux moments.

L'histoire et son éternel recommencement tournent comme une roue de taxi.

Quant à moi, à l'heure de refermer ce livre, au moment de me retourner sur le chemin parcouru, je reste calme et tranquille… comme un chauffeur de taxi. Et, au risque de passer pour nostalgique, je crois encore à l'intelligence de la ville, vue à travers les yeux d'un chauffeur de taxi, plutôt qu'à travers l'écran d'un smartphone. Faites l'essai et laissez-vous conduire. Le taxi, c'est le chauffeur.

Moi, les taxis ont définitivement marqué ma vie. Comme si, entrés un peu par hasard dans mon existence, ils faisaient aujourd'hui définitivement partie de moi et ne parvenaient pas vraiment à en ressortir. Comme une obsession…

Je continue à les chercher dans les villes que je traverse, dans les films que je regarde, dans les romans que je lis. Ils sont là, ils continuent de m'accompagner. Même dans mes rêves, ils me font encore des clins d'œil. Dans la réalité, ils sont devenus un autre chez-moi, un havre de paix, un endroit calme et tranquille. Quand je monte à l'arrière d'un taxi, je me sens bien. J'allonge les jambes, je penche la tête en arrière. La ville défile et mon esprit s'apaise.

Le chauffeur me fixe, intrigué par ce visage qui lui rappelle vaguement quelqu'un. Parfois, il me reconnaît et la discussion s'engage. L'un d'entre eux, à qui je demandais récemment pourquoi il avait choisi d'être taxi, me répondit par cette phrase : « Parce que je n'arrive pas à dormir. » Voilà peut-être pourquoi, tout simplement, les taxis occupent une part si importante dans nos vies et, singulièrement, dans la mienne... Parce que nous n'arrivons pas toujours à dormir, ce qu'aucune intelligence artificielle ne pourra jamais comprendre...

Le taxi devient alors un refuge.

TAXI
PARISIEN

TAXI
PARISIEN

À Jacques Attali, Herve Braunstein, Benjamin Cardoso, Nicolas Colin, Jean-Philippe Daniel, Louise d'Harcourt, Yan Hascoet, Yanis Kiansky, Grégoire Kopp, Marine Plénard, Alexandre Quintard, Jean-Philippe Salmon, Thaima Samman et Yves Weisselberger pour leur expertise de « nouveaux conquérants ».

À Sylvain Desclous, Frédéric Diefenthal, Jean-Michel Djian, Frédéric Houdaille, Samy Naceri, Mathieu Sapin, Nicolas Schaller, Estelle Surbranche, Michelle Vian et Arnaud Viviant pour leur connaissance du monde de la chanson et du cinéma, leurs conseils, leurs SMS, leurs télégrammes.

À Elsa Carneiro, Aziz El Guerrab, Catherine et Jean Krivopissko (mon taxi en province) et André Prost, pour leur fidélité à mes côtés et parce que, eux aussi, parfois, ils se sont transformés en taxis.

À Sandra, mon épouse, et à Victoire et Gabrielle, mes filles, qui ne se sont jamais lassées de m'entendre leur raconter des histoires de taxis.

Et à tous ceux qui nous ont accueillis dans leur voiture.

Achevé d'imprimer chez l'imprimerie Pollina à Luçon (85400) en septembre 2018 - 86250

ISBN : 978-2-7491-5465-7

Dépôt légal : octobre 2018

Gravure : IGS-cp

MIXTE
Papier issu de sources responsables
FSC® C003309

Les papiers utilisés dans cet ouvrage sont issus de forêts responsablement gérées.

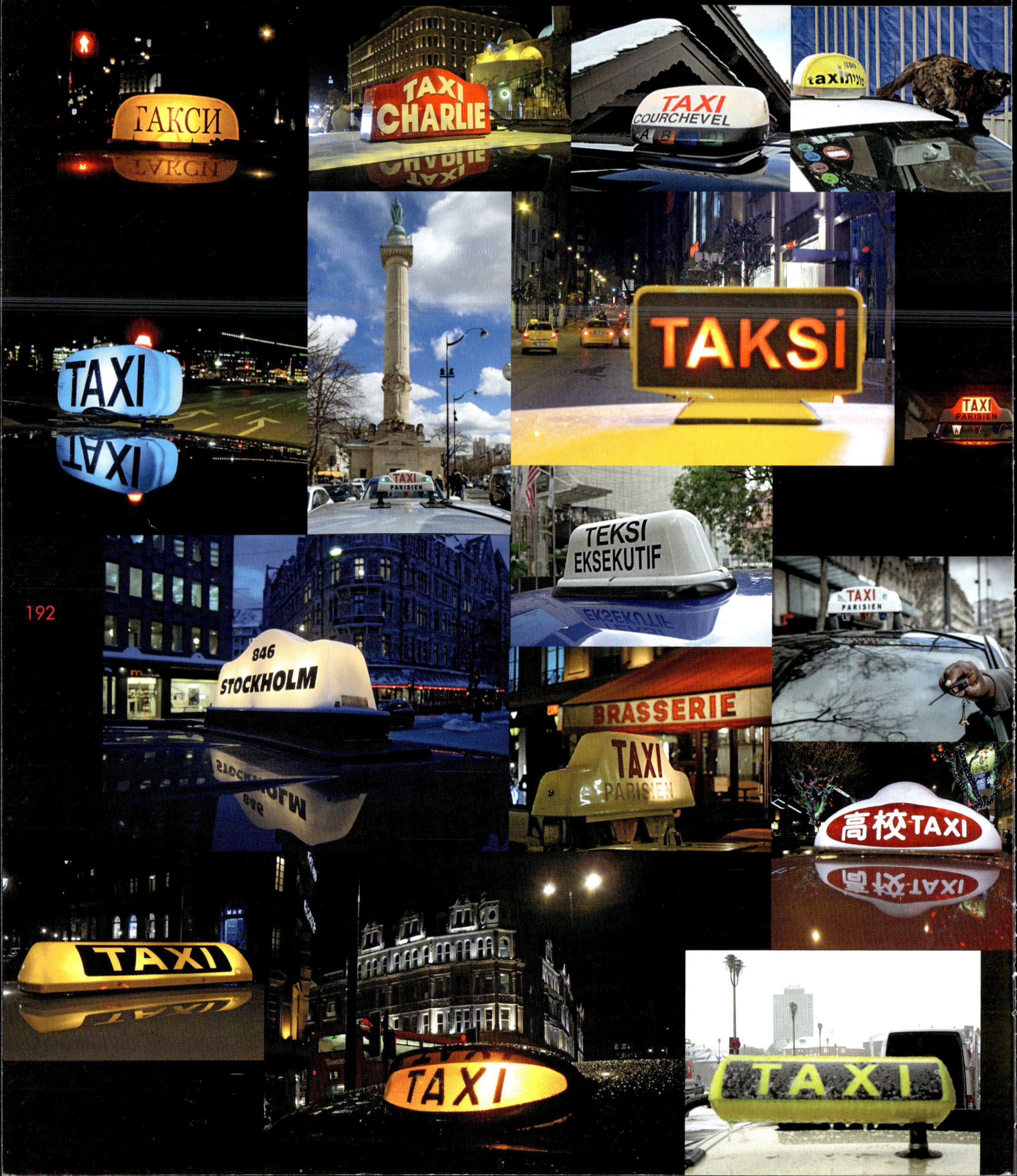
ТАКСИ
TAXI
CHARLIE
TAXI
COURCHEVEL
taxi
TAXI
TAKSİ
TAXI
PARISIEN
TAXI
PARISIEN
TEKSI
EKSEKUTIF
846
STOCKHOLM
TAXI
PARISIEN
BRASSERIE
TAXI
PARISIEN
高校TAXI
TAXI
TAXI
TAXI